《中国家庭基本藏书》

新闻出版总署优秀畅销书奖
全国优秀古籍图书普及读物奖
第十七届山西省优秀图书一等奖
第二届山西出版政府奖
山西出版集团2008年度十种好书

全套藏书累计销售500万册

中国家庭基本藏书（修订版）

诸子百家卷

《诗经》　《楚辞》　《论语·大学·中庸》　《孟子》　《老子》
《庄子》　《荀子》　《韩非子》　《孙子兵法·尉缭子·鬼谷子》
《墨子》　《周易》　《山海经》　《吕氏春秋》　《三十六计》

名家选集卷

《三曹诗集》　《陶渊明集》　《王勃集》　《孟浩然集》　《高适集》
《王维集》　《李白集》　《杜甫集》　《岑参集》　《韩愈集》
《白居易集》　《刘禹锡集》　《柳宗元集》　《元稹集》　《李贺集》
《杜牧集》　《李商隐集》　《李煜集》　《柳永集》　《欧阳修集》
《王安石集》　《苏轼集》　《黄庭坚集》　《秦观集》　《周邦彦集》
《李清照集》　《陆游集》　《范成大集》　《杨万里集》　《辛弃疾集》
《姜夔集》　《元好问集》　《文天祥集》　《唐伯虎集》　《李贽集》
《三袁集》　《张岱集》　《傅山集》　《纳兰性德集》　《郑板桥集》
《袁枚集》　《龚自珍集》

史著选集卷

《左传》《国语》《战国策》《史记》《汉书》《后汉书》《三国志》
《资治通鉴》

综合选集卷

《唐诗三百首》《宋词三百首》《元曲三百首》《千家诗》《古文观止》
《汉魏六朝小赋骈文选》《唐宋八大家文选》《明清小品文选》

笔记杂著卷

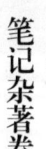

《蒙学六种——三字经·百家姓·千字文·增广贤文·幼学琼林·格言联璧》
《颜氏家训·朱子家训》《世说新语》《曾国藩家书》《金刚经·坛经》
《菜根谭·小窗幽记·幽梦影》《浮生六记》《闲情偶寄》《近思录》
《徐霞客游记》《古代书信精选》

戏曲小说卷

《元杂剧精选》《西厢记》《牡丹亭》《长生殿》《桃花扇》《今古奇观》
《三国演义》《水浒传》《西游记》《红楼梦》《聊斋志异》《儒林外史》
《封神演义》《古代话本小说选》《古代文言小说选》

中国家庭基本藏书 笔记杂著卷

金刚经·坛经

梁归智 译注

山西出版集团
三晋出版社

博学工作室

修身齐家

读书是福

来新夏题

·南开大学教授来新夏先生为《中国家庭基本藏书》题词

前言

笔记杂著卷

金刚经·坛经·前言

《金刚经》是简称,全称应为《金刚般若波罗蜜经》。可以分四段来理解,即金刚——般若——波罗蜜——经。

金刚,前人解释说:"此言金刚,乃若刀剑之有钢铁耳,譬如智慧,能断绝贪嗔痴一切颠倒之见。"又有人说:"夫植善根者,始而诵经,终而悟理,得坚固力,金刚是也。"可见,金刚是比喻佛法智慧的高明,坚强有力,能让人从"贪嗔痴"的凡庸欲望中解脱出来,得到佛法的智慧,也就是修成了金刚不坏之身。

般若,也作班若、波若、钵若、般罗若等,是梵语音译,一般读作"波耶",意译的话,就是智慧的意思。当然这里指的是佛法的智慧,能洞彻万有一切的大智慧,所谓"无境不照,名为般若"。

波罗蜜,也是梵语音译,又作波罗蜜多、播啰弭多。意译是到达彼岸、度无极。有时也单译作"度"。所谓"波罗此云彼岸,蜜多此云到"。佛教有六波罗蜜、十波罗蜜之说,六波罗蜜是布施、戒行、忍辱、精进、静虑、智慧,即通过这六种修行到达佛教智慧的彼岸。

经,即经典,不过这里的"经"是梵语"修多罗"的意译,又叫契经或者经本。经与律、论共同构成"三藏"。经是佛亲口说的,契经就是用佛的教导来贯穿统摄,所谓"经为经由之义,以其由于圣人之心、口"。律是佛教徒所要遵循的规矩,论则是别人对佛经的阐释了。

所以,金刚般若波罗蜜经,就是具有无上威力的能获得智慧超脱苦海而到达觉悟彼岸的佛祖亲口教言。"金刚经"也就是"大智慧经"。

汉语版《金刚经》历史上共有六个著名译本并传,最通行的是后秦鸠摩罗什于弘始四年(402)译出本。对《金刚经》的注释不下数十百家,集注本也不少,明朝初年永乐内府刻集注本是近代公认的佳本。

《金刚经》是得到最广泛传播的一部佛经。唐玄宗儒、佛、道三教并重,从三教中各选一部经典注刻颁行天下,佛经就是选的《金刚经》(儒家是《孝经》,道家是《道德经》)。禅宗本来以《楞伽经》为经典,从六祖慧能开始,改宗《金刚经》,禅宗因此更加炽盛普及,并对后来的宋明理学也产生了巨大的影响。

梁武帝昭明太子萧统把《金刚经》全文分成三十二品,也就是三十二个段落章节,每一个段落起一个小标题,称为"……分"。尽管后人对这种分法和标题时有异议,为方便一般读者起见,本译注本仍采取了萧统的分法和标题。

《坛经》现存的版本有几个不同的系统,最古老的是敦煌手写本,全名是《南宗顿教最上大乘摩诃般若波罗蜜经六祖慧能大师于韶州大梵寺施法坛经》,仅一卷,分作五十七小节,约一万二千馀字,现有中华书局郭朋校释本。但在元代以后流行较广而发生很大影响的,则是元世祖至元末年僧人宗宝的改编本,题名《六祖大师法宝坛经》,一卷分为十品,文字比敦煌写本多出一倍左右,现有近人丁福保校正的宗宝本行世。此外还有唐朝僧人惠昕改编过的《六祖坛经》,分上下卷,共十一门,五十七节,约一万四千馀字,有宋刻本存世,从时间上来说,这是仅次于敦煌写本的第二个古本。另一个本子没有署编者姓名,题为《六祖大师法宝坛经曹溪原本》,一卷十品,两万多字,是五代末宋初僧人契嵩的改编本,有明刻本存世。还有一个高丽本,详细情况限于知见不能介绍。

从尊重慧能的本意和《坛经》的历史真实来说,应该以敦煌写本为文本根据,但从禅宗思想在近世实际产生的社会效果而言,则应该以宗宝的改编本为文本根据。由于本书是对禅宗的一种普及性介绍,所以本译注本选择丁福保校定的宗宝本作为底本。

　　禅宗据说起源于佛祖释迦牟尼与弟子摩诃迦叶互相"印心",佛祖说法,迦叶"拈花微笑",也就是彼此达到了不需要语言表达的心心相印的境界。从迦叶到菩提达摩,有所谓"西天二十八代祖师"的"师资相承"。达摩东渡到中国,成了禅宗的东土初祖,传到慧能,"师资相承"共六代,所以慧能被称为六祖。当然这些说法中传说的成分很多,现在学术界一般认为禅宗实际上是慧能创立的。神秀的一派一度在北方传播,被称为北宗,慧能的一派起源于岭南,被称为南宗,所谓"南能北秀"。但通常认为神秀一派只是禅学,不是禅宗,也就是说在慧能以前,只有禅学,而没有禅宗。

　　慧能,有时又写作惠能,生于唐太宗贞观十二年(638),卒于唐玄宗先天二年(713),俗家姓卢,祖籍河北范阳,生于广东新会。他所创立的禅宗对中国传统文化发生了深远的影响。晚唐五代,禅宗有五大流派,两小流派,所谓一花七叶。到了宋朝,儒家的读书人倾心禅学者日益增多,各种《语录》、《灯录》等也层出不穷,还出现了"拈"、"颂"各种"公案"的风气,禅宗思想获得了更大的发展。到了元、明、清,禅宗开始衰落,但仍然不绝如缕。这本行世久远的《六祖大师法宝坛经》不就是元代的僧人增益改写的吗?按照佛教的规矩,只有佛祖亲口说的才能叫"经",后来佛教徒的阐释讲论等只能叫"论"。但这部《坛经》则被称为"经",这是中国僧侣写的书而被称作"经"的"唯一",慧能实际上已经被中国僧人当作与佛祖释迦牟尼这位"西天佛祖"并驾齐驱的人物了。这是中国僧侣的大胆创造,也说明禅宗在中国佛教中占有非同寻常的重要地位。

梁归智
2008 年 4 月

目录

笔记杂著卷 金刚经 坛经·目录

前　言 /001

◎ 金刚经

第 一 品　法会因由分 /003
第 二 品　善现启请分 /005
第 三 品　大乘上宗分 /007
第 四 品　妙行无住分 /009
第 五 品　如理实见分 /011
第 六 品　正信希有分 /012
第 七 品　无得无说分 /014
第 八 品　依法出生分 /015
第 九 品　一相无相分 /017
第 十 品　庄严净土分 /019
第十一品　无为福胜分 /021
第十二品　尊重正教分 /022
第十三品　如法受持分 /023
第十四品　离相寂灭分 /025
第十五品　持经功德分 /028
第十六品　能净业障分 /030
第十七品　究竟无我分 /032
第十八品　一体同观分 /034
第十九品　法界通化分 /036
第二十品　离色离相分 /037

第二十一品　非说所说分 /038
第二十二品　无法可得分 /039
第二十三品　净心行善分 /040
第二十四品　福智无比分 /041
第二十五品　化无所化分 /042
第二十六品　法身非相分 /043
第二十七品　无断无灭分 /045
第二十八品　不受不贪分 /046
第二十九品　威仪寂静分 /047
第 三 十 品　一合相分 /048
第三十一品　知见不生分 /049
第三十二品　应化非真分 /051

附　录

《金刚经》主要译本 /053
《金刚经》笺注、研究著作举例 /053
《金刚经》名言警句 /054

◎ 坛　经

行由品第一 /057
般若品第二 /073
疑问品第三 /083
定慧品第四 /089
坐禅品第五 /093
忏悔品第六 /095
机缘品第七 /103
顿渐品第八 /122
护法品第九 /130
付嘱品第十 /133

附　录

《坛经》重要版本 /147
《坛经》研究著作举例 /147
《坛经》名言警句 /147

金刚经

梁归智　译注

◎ 第一品　法会因由分

【题解】

"法会因由"意为本章的主要内容是法会召集的原因和背景,"分"相当于现在的"章"、"节"等。

【原文】

如是我闻[1]。一时佛在舍卫国祇树给孤独园[2],与大比丘众[3],千二百五十人俱[4]。尔时世尊[5],食时著衣持钵[6],入舍卫大城乞食。于其城中次第乞已[7],还至本处,饭食讫,收衣钵,洗足已[8],敷座而坐[9]。

【注释】

[1]如是我闻:如是,这样;我闻,我听说。我听佛这样说,表示经中的话都是佛亲口说的,这是为了增加佛经的可信度。"如是我闻"是佛经习用的格式,已经成了一种标识,一种传统。据说这种格式也是佛祖在涅槃前对弟子阿难亲自制定的,前人说:"我者,乃编集经者自谓,是阿难也。如是我闻者,如此经之所言,乃我亲闻于佛也。弟子尝问佛云:'他时编集,经教当如何起首?'佛言:'从如是我闻起。'"

[2]一时:那时。不过前人注解说:"一时者,说此般若时也。""一时者,谓说理契机感应道交之时也。"意思是这个"一时"特指佛与弟子们讨论佛法启悟智慧之时。　佛:梵语音译,又作佛陀、浮图等,本义是觉悟者,这里特指释迦牟尼,他本名悉达多·乔答摩,是古印度时期迦毗罗卫国的王子,公元前6世纪到前5世纪时期的人,约当中国的春秋战国时期,与孔子同时。他在29岁时舍弃王位,别离妻子,出家修行。到35岁时觉悟成道,被称为"佛",即觉悟者,因为他是释迦族的人,所以又称释迦牟尼,意思是"释迦族的圣人"。　舍卫国祇树给孤独园:舍卫国是古印度的一个王国名称,在今印度西北部的拉普地河南岸。释迦牟尼成佛后,居住于此达25年。祇,读作"知",祇树是人名,即祇陀树,他是舍卫国波斯匿王的太子。憍萨罗国有一个长者名须达奴拏,经常施舍贫穷孤独之人,被称为给孤独长者。长者信了佛法,请求祇树太子在舍卫城南的花园供佛,太子说:"如果你能满园布金叶,我就给你。"长者真的用金叶子布满了八十顷园地,太子感动,与长者在园中共建精舍请佛说法。

[3]大比丘众:比丘是梵语,即受了具足戒的男性僧侣,又名乞士。女性的叫比丘尼。乞士的含义是:"上乞法于诸佛,以明己之真性;下乞食于世人,以为世人种福。此所以名乞士也。大比丘则得道之深者,乃菩萨、阿罗汉之类也。""去恶取善,名小比丘;善恶俱遣,名大比丘也。"

[4]千二百五十人:释迦牟尼最初有六大弟子,即舍利子、迦叶三兄弟、目连尊者、耶舍长者子;六大弟子又收弟子,一共有一千二百五十个弟子。

[5]世尊:对佛的尊称,所谓佛为三界之尊,三界是欲界、色界、无色界。

[6]食时著衣持钵:佛一天只吃一餐,即午饭,到午时,佛披上二十五条大衣,即袈裟,又名忍辱衣、福田衣,手持钵盂,进城化缘乞食。钵,僧人食具,通常用泥或铁制成,圆形,略扁,小口,平底。

[7]次第乞已：按顺次挨家挨户乞食。佛乞食是为被乞食者种福，所以不能择贫富，而要按顺序来，即"次第"。"已"是语气词，相当于"了"。

[8]洗足：佛是光脚乞食的，所以回来要洗足。

[9]敷座而坐：整理好座位打坐。

我听佛这样说。那时，释迦佛在舍卫国的祇树给孤独园，与一千二百五十个大比丘众住在一起。到午时该吃饭了，世尊郑重地披上袈裟，手持钵盂，进入舍卫城中乞食。在城中按顺序挨门挨户化缘完毕，返回住处，吃完饭，收好袈裟和钵盂，洗净脚，整理好座位，然后打坐。

佛是一个平常的人，但在平凡的生活里时时处处在修行，进入境界，穿衣，乞食，吃饭，洗足，敷座，都自然体现乞士的威仪，这就是后来禅宗所谓穿衣吃饭即是道，平常心即是道。

◎第二品　善现启请分

【题解】

本章是讲述善现（须菩提）向佛请教的事情。

【原文】

时长老须菩提[1]，在大众中，即从座起，偏袒右肩[2]，右膝着地，合掌恭敬[3]，而白佛言[4]："希有世尊[5]，如来善护念诸菩萨[6]，善付嘱诸菩萨。世尊，善男子善女人，发阿耨多罗三藐三菩提心[7]，云何应住[8]，云何降伏其心？"佛言："善哉善哉！须菩提，如汝所说，如来善护念诸菩萨，善付嘱诸菩萨，汝今谛听，当为汝说。善男子，善女人，发阿耨多罗三藐三菩提心，应如是住，如是降伏其心。""唯然，世尊。愿乐欲闻。"

【注释】

[1]长老须菩提：须菩提是梵语音译，意译为善现、善吉、空生等，他是佛的十大弟子之一，婆罗门种姓，能深入理解佛法的空义，被称为"解空第一"。长老是尊称，意为年高德劭，因须菩提年纪较大，修行又好，故如此称呼。《金刚经》就是须菩提与佛祖的对话。

[2]偏袒右肩：印度僧侣披袈裟时偏袒右肩，形成习惯，后世有许多解说，其实可能与印度的气候较热有关。

[3]右膝着地，合掌恭敬：这也是佛教的规矩威仪。前人解释说："右膝着地者，先净三业，摧伏身心，整仪赞佛也。合掌者，心合于道，道合于心也。"

[4]白佛言：对佛说，白就是说话，白是南北朝时的说法，即道白。

[5]希有世尊：希有即稀有，这是对佛的赞美。传说佛诞生时就说："天上地下，唯我独尊。"

[6]如来：与佛、世尊等一样，是称呼佛的一种名号，佛共有十种名号。这里指释迦牟尼。如来的梵语是多陀阿迦陀，如来是译语，意为总是来的，也就是佛总在你心中，总在伴随你。所谓"无所从来，亦无所去，故名如来"。南怀瑾说："无来亦无去，换句话说，不生也不灭，不动也不静，当然无喜亦无忧，不高也不矮，都是平等，永远存在，这个道理就是如来。"这也就是前人说的："如来者，如者不生，来者不灭。非来非去，非尘非凡，心常空寂，湛然清净也。"　护念：护持心念。　诸菩萨：各位菩萨。菩萨是梵文菩提萨埵的简称，意译是觉有情，菩提是觉悟，萨埵是有情、众生。菩萨是自己觉悟了还要帮助众生觉悟的人，罗汉则是只管自己觉悟的人。

[7]阿耨多罗三藐三菩提心：梵语，意为无上正等正觉，即最高的智慧觉悟。阿耨多罗是"无上"之意（阿为无，耨多罗为上），三藐是"上而正"之意，三菩提是"普遍的智慧和觉悟"，三是"上"、普遍"之意。

[8]住：停住，守护，即后文所谓"降伏其心"。

佛祖刚要打坐时，长老须菩提从大众中离开座位起立，袈裟偏袒右肩，右膝点地，双手合掌，恭恭敬敬地对佛说："独一无二的世尊啊，如来啊，您要求各位菩萨善自守护自己的心不起妄念，要求各位菩萨念念精进。世尊啊，善男子和善女人们希望获得大智慧而修成无上正等正觉，那么应该怎样使妄念停止？怎样降伏自己的心念呢？"佛回答说："好啊好啊！须菩提，正像你所说的，如来是要求各位菩萨善自护持自己的心不起妄念，要求各位菩萨念念精进。你们仔细听着，我告诉你们：善男子和善女人们希望获得大智慧而修成无上正等正觉，应该这样使妄念停止，这样降伏自己的心念。"须菩提回答说："我们正专心听，世尊，我们很愿意听到您的教导。"

这一段的"关键词"是"善护念"。一念之间，等于一呼一吸的时间，佛教认为这么短的时间内人就会有八万四千种烦恼。佛要大家修行，根本就是要"善护念"，也就是要让这些烦恼"住"，要"降伏其心"。此即善现（须菩提）向佛"启请"之所得也。

◎第三品 大乘上宗分

题解

"大乘上宗"就是提纲挈领的意思。

原文

佛告须菩提:"诸菩萨摩诃萨[1],应如是降伏其心。所有一切众生之类,若卵生,若胎生,若湿生,若化生,若有色,若无色,若有想,若无想,若非有想,非无想[2],我皆令入无馀涅槃而灭度之[3]。如是灭度无量无数无边众生,实无众生得灭度者。""何以故?""须菩提,若菩萨有我相、人相、众生相、寿者相[4],即非菩萨。"

注释

[1]摩诃萨:即摩诃萨埵,摩诃,就是大,前人曰:"心量广大,不可测量,乃是大悟人也。"旧译大心、大众生,新译大有情,就是菩萨的另一种尊称。

[2]卵生、胎生、湿生、化生、有色、无色、有想、无想、非有想、非无想:佛教认为众生的各种形态和境界。前人解释说:"若卵生者,如大而金翅鸟,细而虮虱是也;若胎生者,如大而狮象,中而人,小而猫鼠是也;若湿生者,如鱼鳖鼋鼍,以至水中极细虫是也;若化生者,如上而天人,下而地狱,中而人间米麦果实等,所生之虫皆是也。上四种谓欲界众生。若有色者,色谓色身,谓初禅天全四禅天诸天人,但有色身而无男女之形,已绝情欲也,此之谓色界。无无色界者,谓无色界诸天人也。此在四禅天之上,唯有灵识,而无色身,故名无色界。若有想者,此谓有想天诸天人也,此天人唯有想念,故自此以上,皆谓之无色界,不复有色身故也。若无想者,此谓无想天诸天人也,在有想天之上,此天人一念寂然不动,故名无想天。若非有想非无想者,此谓非想非非想天诸天人也,此天又在无想天之上,其天人一念寂然不动,故云非有想,然不似木石而不能有想,故云非无想。此天于三界诸天为极高,其寿为极长,不止于八万劫而已。"

[3]涅槃:梵语,也译作泥洹、泥畔等,意为灭度、寂灭、不生、安乐、清净、解脱、圆寂等,总之是指达到了佛的无念想、无烦恼境界。大乘宣称涅槃应该具有"常、乐、我、净"四种德性或常、恒、安、清凉、不老、不死、无垢、快乐八种德性。所谓"涅槃者,即不生不灭,涅而不生,槃而不灭"。前人解曰:"涅槃者乃超脱轮回出离生死之地,诚为大胜妙之所,非谓死也。世人不知此理,乃误认以为死,大非也。此无馀涅槃即大涅槃也,谓此涅槃之外,更无其馀,故名无馀涅槃。"涅槃分两个境界:有馀涅槃是仍然存有不彻底的心念,乃罗汉的境界;无馀涅槃是彻底无心念,乃佛的境界。 灭度:梵语音译,意为命终证果,即超脱了肉体生命而悟得佛教智慧。分有馀灭度和无馀灭度。

[4]我相、人相、众生相、寿者相:这在佛教中叫"我人四相",指还没有悟道成佛的各种执著。前人解释说:"贪、嗔、痴、爱为四恶业,贪则为己私计,是有我相;嗔则分别尔汝,是有人相;痴则顽傲不逊,是众生相;爱则希觊长年,是寿者相。如来不以度众生为功,而了无所得,以其四种相尽除也。"经文中佛对须菩提说自己灭度

了无量无数众生,却又说其实无众生灭度者,意思是达到完全无功利无念想的境界,才是真觉悟。而须菩提等弟子不明白这一点,就还有"我人四相","以度众生为功",也就是还没有彻底觉悟。

佛告诉须菩提说:"各位菩萨,大菩萨,应该这样降伏自己的心。所有的众生,如卵生的,胎生的,湿生的,化生的,有色的,无色的,有想的,无想的,非有想的,非无想的,这一切类别的生命,我都让他们灭度而进入无馀涅槃的境界。我这样灭度了无量、无数和无边的众生,其实并没有众生得到灭度。"(须菩提问:)"这是怎么回事?"(佛回答说:)"须菩提啊,如果菩萨还存有我相、人相、众生相、寿者相,那就还不是真正的菩萨啊。"

"灭度无量无数无边众生,实无众生得灭度者",懂了这一句,就全懂了。这也就是"万法皆空",或者说"大度无度",达到了标题所谓的"大乘上宗"。

◎第四品　妙行无住分

本章是讲不执著的道理,而妙行,即无住——不滞。

原文

"复次须菩提[1],菩萨于法应无所住[2],行于布施[3]。所谓不住色布施,不住色声香味触法布施[4],须菩提,菩萨应如是布施,不住于相[5]。""何以故?""若菩萨不住,相布施,其福德不可思量。须菩提,于意云何?东方虚空可思量不?""不也,世尊。""须菩提,南西北方,四维上下虚空[6],可思量不?""不也,世尊。""须菩提,菩萨无住相布施,福得亦复如是不可思量。须菩提,菩萨但应如所教住[7]。"

[1]复次:这是连接前后文的关联词,表示"接着说"。

[2]无所住:心不执著。

[3]布施:梵文"檀那"意译,"布者,普也;施者,散也。"以自己的财物、福利施于别人。这里说"无所住行于布施""不住色布施",即虽布施了但不以布施为意而居功自得,所谓"不望报恩,不求果报,凡夫布施希求福利,此是住相布施也"。

[4]色、声、香、味、触、法:这是佛教所谓"六尘",也是"八识"中的前"六识",即人的主观认识功能和作用的六个方面,是眼、耳、鼻、舌、身、意的"六根"产生的。这里说菩萨布施应该完全脱离这些而"不住"。所谓"菩萨受如来无相教法,无诸欲之求,无能施之心,但以法施,利益一切众生,如水行地中,无有挂碍,无所住行布施者然也"。

[5]不住于相:不停留在"六尘"的表相。

[6]四维:指四隅、四角,即东南、东北、西南、西北,这里说"四维、上下",连上面所说的东、南、西、北四方,就是佛教所谓"十方虚空",概指全部宇宙。

[7]如所教住:照我说的去"住"——降伏己心而修行。

(佛又说:)"再说,须菩提啊,菩萨对于佛法,应该达到无所住而行布施的境界。所谓不住色布施,不住色、声、香、味、触、法这'六尘'的布施。须菩提啊,菩萨应该这样布施,不要停住于表相。"(须菩提问:)"为什么如此呢?"(佛答:)"如果菩萨行不住相布施,他的福德将不可思量得广大。须菩提啊,这是什么意思呢?比如东方虚空,你可以思量它吗?"(须菩提答:)"不能,世尊。"(佛说:)"须菩提啊,再加上南、西、北方,东南、东北、西南、西北四角,还有上方和下方,这十方虚空你能思量它吗?"(须菩提答:)"不能,世尊。"(佛说:)"须菩提啊,菩萨行无住相布施,他的福德也像这样不可思量得广大啊。须菩提啊,菩萨只应该像我所说的这样来降伏己心。"

布施而无布施心,达到这种境界,才有无量福德,才是"无住"的"妙行"和真佛心。

◎ 第五品　如理实见分

本章说各种表相都是虚妄不实的,这就是真理之体现。

"须菩提,于意云何?可以身相见如来不[1]?""不也,世尊。不可以身相得见如来。""何以故?""如来所说身相,即非身相。"佛告须菩提:"凡所有相,皆是虚妄。若见诸相非相,即见如来。"

[1] 以身相见如来:佛有三十二大人相,所谓"一毫相如月旋,二净眼如明镜……二十五顶有肉髻……"《大智度论》所列三十二相则是:1. 足下安平立相;2. 足下千辐轮相,脚心有轮宝(战车轮)的肉纹;3. 长指相;4. 足跟平广相;5. 手足指缦网相,手足间如蹼状;6. 手足柔软相;7. 足趺高满相;8. 腨如鹿王相;9. 正立手摩膝相;10. 阴藏相;11. 身广长等相;12. 毛上向相;13. 一孔一毛生相;14. 金色相;15. 丈光相;16. 细薄皮相;17. 七处隆满相;18. 两腋下隆满相;19. 上身如狮子相;20. 大直身相;21. 肩圆好相;22. 四十齿相;23. 齿齐相;24. 牙白相;25. 狮子颊相;26. 味中得上味相;27. 大舌相;28. 梵声相;29. 真青眼相;30. 牛眼睫相;31. 顶髻相;32. 白毛相。

(佛问:)"须菩提啊,这个意思你怎么想?你认为可以凭借佛的身相见到如来吗?"(须菩提回答:)"不能,世尊。不可以凭借身相见到如来。"(佛又问:)"为什么呢?"(须菩提回答说:)"如来所说的身相,就是非身相。"佛告诉须菩提:"所有的相,都是虚妄不实的。如果能认识到各种相都不是相,那就见到如来了。"

"诸相非相",即要透过"诸相"的表面现象看到实质不是"相"而是"空",佛的三十二种相都是为引导世俗人进入信仰的"方便法门",进入信仰后要进一步认识到"空"的本质,才算懂了佛教的真谛,也就是见到了真正的如来。这也就是"如理"的"实见"。前人阐释说:"若见诸相非相,即见如来。颂曰:凡相灭时性不灭,真如觉体离尘埃。了悟断常根果别,此名佛眼见如来。"

◎第六品　正信希有分

[题解]

本章说真正悟解佛法并不容易，所谓正信希有。

[原文]

须菩提白佛言："世尊，颇有众生，得闻如是言说章句[1]，生实信不[2]？"佛告须菩提："莫作是说。如来灭后，后五百岁有持戒修福者[3]，于此章句能生信心，以此为实。当知是人，不于一佛二佛三四五佛[4]，而种善根[5]，已于无量千万佛所，种诸善根。闻是章句，乃至一念生净信者[6]。须菩提，如来悉知悉见[7]，是诸众生得如是无量福德。""何以故？""是诸众生无复我相、人相、众生相、寿者相[8]，无法相，亦无非法相[9]。""何以故？""是诸众生，若心取相，即为着我人众生寿者，若取法相，即着我人众生寿者。""何以故？""若取非法相，即着我人众生寿者。是故不应取法，不应取非法。以是义故，如来常说汝等比丘，知我说法，如筏喻者[10]。法尚应舍，何况非法？"

[注释]

[1]章句：本指经文上的章节语句，这里是指前一品中佛所说的"诸相非相"的话语。

[2]实信：真实的信仰。

[3]持戒：修持佛教的戒律。戒、定、慧是佛教三学，戒是为防止信徒违背佛法作恶而制定的各种规矩条例。

[4]一佛二佛三四五佛：一劫有一佛出世，这是说经历的劫数还不多。

[5]种善根：佛教认为信徒通过各种修行培养自己的善性，就像种地植下为善的根苗。

[6]净信：佛教认为佛所在的西天是净土，所以有净土信仰。

[7]悉：都，完全。

[8]我相、人相、众生相、寿者相：见第三品注释[4]。

[9]法相、非法相：法相是太执著于佛法的表面道理，非法相是不执著于佛法的道理，但只要有执著或不执著的想法，就还没有达到万法皆空的境界，所以说真正的觉悟者应是无法相，亦无非法相。

[10]筏喻：将佛法比作过河的竹筏子，意为对佛法也不能执著，要像竹筏子一样，过了河就舍弃掉，这才是真正的万法皆空。

译文

须菩提对佛说:"世尊,是否有许多众生听到了您刚才说的那番话,而产生了真实的信仰呢?"佛告诉须菩提说:"不能这样说。要等到如来灭寂后五百年,那时有持戒修佛之道的人,才能从这番话中悟出真理而产生信仰,认为这的确是真实的。要知道这种人不是从一佛二佛或三、四、五个佛的经历劫数中种得善根,那时他们已经从无数的佛千万个佛那儿种得众多善根,所以他们一听到这番话,就能一念之间产生净土信仰。须菩提啊,如来对未来的一切都了解了,预见了,这些众生将得到像这样的无量的福德。"(须菩提问:)"那是什么缘故呢?"(佛回答说:)"因为这些众生将不再有我相、人相、众生相、寿者相,他们不再有法相,同时也不再有非法相。"(须菩提问:)"那又是什么缘故呢?"(佛回答说:)"这些众生如果心中还有佛的表相,那就是仍然执著于我、人、众生和寿者,如果他们执著于法相,还是执著于我、人、众生和寿者。"(须菩提问:)"那是为什么?"(佛回答说:)"如果执著于非法相,还是执著于我、人、众生和寿者。所以不应该取执著法的态度,也不应该取执著非法的态度。根据这种微言大义,如来经常对你们这些比丘说,要知道我说的佛法不过像过河后就应舍弃的竹筏子这样一个比喻。法都要舍弃,何况是非法呢?"

领会

佛认为要完全领悟万法皆空的道理并不容易,但又认为这种智慧一定会被人领悟,所以他说要等五百年以后才会有真正的觉悟者。前人有的解释这段对话是"须菩提疑众生不能生实信,故作此问,佛恐沮众生实信之心,且告之以莫作是说",似乎理解有误。昭明太子给这一段加的标题是"正信希有",不就是说"正信"即真正的觉悟暂时还很"希(稀)有",所以要"希"望期待于五百年以后吗?

◎ 第七品　无得无说分

本章说万法皆空，不要执著教条，"无得无说"即此义。

"须菩提，于意云何？如来得阿耨多罗三藐三菩提耶[1]？如来有所说法耶？"须菩提言："如我解佛所说义，无有定法名阿耨多罗三藐三菩提，亦无有定法如来可说。""何以故？""如来所说法，皆不可取，不可说。非法，非非法。""所以者何？""一切圣贤皆以无为法而有差别。"

[1]阿耨多罗三藐三菩提：即无上的智慧和觉悟，见第二品注释[7]。

（佛说：）"须菩提啊，你怎么想？如来已经修证到无上正等正觉的境界吗？如来说过法没有？"须菩提回答说："照我所理解的佛所说的微言大义，并没有所谓无上正等正觉这种确定的法，所以如来也没有这种确定的法可说。"（佛问：）"为什么？"（须菩提回答：）"如来所说的法，都不可执著，不可以宣讲，因为本来就没有法，也没有'非法'。"（佛又问：）"这是什么原因？"（须菩提回答：）"一切圣人和贤人，都以'无'作为法，但在表现上却有差别。"

须菩提把握了"万法皆空"的真谛，所以这样回答，难怪他又叫"空生"了。这就是标目所谓"无得无说"，即佛没有"得"无上正等正觉，也没有"说"佛法。但须菩提又说"圣贤皆以'无'为法而有差别"，这就是所谓"方便法门"了。前人评说："'无'为法性，本无浅深定相可取，若有定相，应无差别。有差别者，谓根有利钝，学有浅深，故名差别，既有差别，即无定相也。"

◎ 第八品　依法出生分

本章说佛法真谛胜过布施,从佛法生发智慧就是"依法出生"。

"须菩提,于意云何?若人满三千大千世界七宝[1],以用布施,是人所得福德宁为多不?"须菩提言:"甚多,世尊。""何以故?""是福德,即非福德性[2],是故如来说福德多。""若复有人,于此经中受持[3],乃至四句偈等[4],为他人说,其福胜彼。""何以故?""须菩提,一切诸佛,及诸佛阿耨多罗三藐三菩提法,皆从此经出。须菩提,所谓佛法者,即非佛法。"

[1]三千大千世界:佛教认为,以须弥山为中心,有七山八海互相环绕,外沿是铁围山,有日月绕须弥山中腰运行,须弥山上有四方,四方各分八所,再另加一所,共三十三所,即三十三天,梵语名忉利天,这就是一个小世界;合此一千个小世界是一个小千世界;合此一千个小千世界是一个中千世界;合此一千个中千世界是一个大千世界,一共有十亿个大千世界。三千大千世界,意思是一个大千世界是由小世界、小千世界和大千世界三个"三千"层层组成的。　七宝:佛经所说七宝,各经说法稍有不同,按《般若经》,七宝是金、银、琉璃、砗磲(读作"车渠",一种介壳呈三角形的软体动物)、玛瑙、琥珀、珊瑚。

[2]福德性:指觉悟了佛法后所达到的境界。与通过布施所得到的福德比较是更高的境界。

[3]于此经中受持:从这本《金刚经》中修行获益。

[4]四句偈:关于何谓四句偈,古今有多种说法,其中一种说法是弥勒佛回答天亲菩萨,说四句偈是:无我相、无人相、无众生相、无寿者相。也有说是指《金刚经》第二十六品和第三十二品中的两首偈语。

(佛问:)"须菩提啊,你对此怎么想?如果有人以三千大千世界所有的七宝来作布施,这个人所得到的福德多还是不多?"须菩提回答说:"很多,世尊。"(佛又问:)"为什么?"(须菩提回答:)"是福德而不是福德性,因此如来说福德多(意为福德多不等于福德性多)。"(佛说:)"如果有人从这部经典中修持,并从四句偈语等获得觉悟,为别人说法,他所得到的福要胜过用三千大千世界七宝布施的那个人。"(须菩提问:)"为什么呢?"(佛答:)"须菩提啊,所有的佛和佛的无上正等正觉法,都从这部经典所出啊。须菩提啊,所谓佛法,就是非佛法。"

通过物质的布施想得到福德报答,并不是佛追求的境界,只有真正觉悟了佛法,才是真正的福德,这就是所谓福德性。而佛法的真谛就是一个空字,所以最后又说佛法就是非佛法,总之强调一切皆空。而《金刚经》就是最好的空谛经典。标目"依法出生"就是说应该从佛法的空谛生出觉悟,言外之意是不要希冀通过布施求得福报。

◎第九品　一相无相分

【题解】

本章说不要执著于各种名相,包括佛教的名相,所以说一相无相。

【原文】

"须菩提,于意云何?须陀洹能作是念[1],我得须陀洹果不?"须菩提言:"不也,世尊。""何以故?""须陀洹名为入流,而无所入。不入色声香味触法[2],是名须陀洹。"

"须菩提,于意云何?斯陀含能作是念[3],我得斯陀含果不?"须菩提言:"不也,世尊。""何以故?""斯陀含名一往来而实无往来。是名斯陀含。"

"须菩提,于意云何?阿那含能作是念[4],我得阿那含果不?"须菩提言:"不也,世尊。""何以故?""阿那含名为不来,而实无不来。是故名阿那含。"

"须菩提,于意云何?阿罗汉能作是念[5],我得阿罗汉道不?"须菩提言:"不也,世尊。""何以故?""实无有法名阿罗汉。世尊,若阿罗汉作是念,我得阿罗汉道,即为着我人众生寿者[6]。世尊,佛说我得无诤三昧[7],人中最为第一,是第一离欲阿罗汉。世尊,我不作是念,我是离欲阿罗汉。世尊,我若作是念,我得阿罗汉道,世尊则不说,须菩提,是乐阿兰那行者[8]。以须菩提实无所行,而名须菩提,是乐阿兰那行。"

[1]须陀洹:梵语音译,洹读作还。须陀洹、斯陀含、阿那含和阿罗汉是小乘初、二、三、四果罗汉位,又叫预流果、一来果、不还果和阿罗汉果,即小乘修行的四个阶段,四种境界,又名"四向"。前人说:"问第一果须陀洹者,知身是妄,欲入无为之理,断除人我执著之相,以无取心,契无得理,无取则心空,无得乃理寂。虽然,能舍粗重烦恼,而未能离微细烦恼。此人不入地狱,不作修罗饿鬼异类之身。此谓学人悟初果也。"

[2]色、声、香、味、触、法:佛教所谓六尘,犹如尘土一样污染人的六根眼、耳、鼻、舌、身、意。参见第四品注释[4]。

[3]斯陀含:前人解释说:"问第二果,斯陀含者,是渐修精进之行,修无漏业,念念不住六尘境界,然终未有湛然清净之心。"

[4]阿那含:前人解释说:"第三果阿那含者,已悟人法俱空,渐修精进,念念不退菩提之心。"
[5]阿罗汉:前人解释说:"问第四果阿罗汉者,诸漏已尽,无复烦恼,实无有法者,谓无烦恼可断,无贪嗔可离,情无逆顺,境智俱亡。"
[6]我人众生寿:即我相、人相、众生相、寿者相。
[7]无诤三昧:无诤即物我两忘而不争竞不生烦恼。三昧又叫三摩地、正定、正受等,指一种专注的静思修行境界。
[8]阿兰那:梵语,即无诤。乐阿兰那者,即得到了无诤三昧的人。

　　(佛说:)"须菩提啊,你对此怎么想?须陀洹的圣者能不能认为自己已经达到了须陀洹的果位?"须菩提回答:"不能,世尊。"(佛问:)"为什么?"(须菩提回答:)"须陀洹名为入流(即"预流"),其实无所入,不入色、声、香、味、触、法,这才名须陀洹。"
　　(佛问:)"须菩提啊,你对此怎么想?斯陀含的圣者能不能认为自己已经达到了斯陀含的果位?"须菩提回答:"不能,世尊。"(佛问:)"为什么?"(须菩提回答:)"斯陀含名为一往来,其实却没有往来,这才名斯陀含。"
　　(佛问:)"须菩提啊,你对此怎么想?阿那含的圣者能不能认为自己已经达到了阿那含的果位?"须菩提回答:"不能,世尊。"(佛问:)"为什么?"(须菩提回答:)"阿那含名为不来,其实并没有所谓不来,这才名阿那含。"
　　(佛问:)"须菩提啊,你对此怎么想?阿罗汉的圣者能不能认为自己已经达到了阿罗汉的果位?"须菩提回答:"不能,世尊。"(佛问:)"为什么?"(须菩提回答:)"其实并没有阿罗汉这个法名。世尊,如果阿罗汉的圣者这样想:我已经得到了阿罗汉的大道,那就是执著于我相、人相、众生相、寿者相了。世尊,您说我达到了无争竞无烦恼的境界,是人能达到的最高境界,是彻底脱离了欲界的阿罗汉。世尊,我不会这样想:我是脱离了欲界的阿罗汉。世尊,我如果这样想:我已经得到了阿罗汉的大道,世尊您就不会说我须菩提是无争竞无烦恼的阿罗汉了。因为须菩提其实没有这种想法,只名叫须菩提,这才是得到了无诤三昧的人。"

　　佛与须菩提的问答,是从"四向"的修行境界反复阐明只有无所执著,才能真正觉悟。一旦执著于须陀洹、斯陀含、阿那含和阿罗汉这些所谓果位,就远离了这些果位的境界了。所谓"一相无相",就是无论哪一个果位的"相"其本质都是"无相"。

◎ 第十品　庄严净土分

本章通过解构佛本身的庄严，阐明佛法的真谛才是"庄严净土"。

原文

佛告须菩提："于意云何？如来昔在然灯佛所[1]，于法有所得不？""不也，世尊。如来在然灯佛所，于法实无所得。""须菩提，于意云何？菩萨庄严佛土不？""不也，世尊。""何以故？""庄严佛土者，即非庄严，是名庄严。""是故须菩提诸菩萨摩诃萨[2]，应如是生清净心，不应住色生心，不应住声香味触法生心。应无所住而生其心。须菩提，譬如有人，身如须弥山王[3]，于意云何？是身为大不？"须菩提言："甚大，世尊。""何以故？""佛说非身，是名大身[4]。"

[1]然灯佛：即燃灯佛，又名定光佛，释迦牟尼之前的佛，他印证释迦牟尼将成为佛，是释迦牟尼的老师。佛教中说燃灯佛是过去佛，释迦牟尼是现在佛，弥勒佛是未来佛。

[2]摩诃萨：见第三品注释[1]。

[3]须弥山王：须弥山又名弥楼山、妙光山等，佛教认为每一个世界中都有一座须弥山在当中。此世界的须弥山就是喜马拉雅山。须弥山王中的"王"字是比喻须弥山之高大，前人解释说："须弥山高广三百三十万里，为众山之王。"

[4]大身：文殊菩萨问佛什么是大身，佛回答说："非身是名大身，具一切戒定慧，了清净法，故名大身。"大身就是指觉悟了的佛心。

佛问须菩提说："你怎么想？如来从前在燃灯佛那儿，对佛法有所得到吗？"（须菩提回答：）"没有，世尊。如来在燃灯佛那儿的时候，对法其实无所得。"（佛问：）"须菩提啊，你怎么想？菩萨的功德是否让佛地更庄严？"（须菩提回答：）"没有，世尊。"（佛祖问：）"为什么？"（须菩提回答：）"能让佛地更庄严的，就是非庄严，这才叫庄严。"（佛又说：）"这样说的话，须菩提啊，各位菩萨大菩萨也应该像这样萌生清净心，不应该迷恋色、声、香、味、触、法的六尘而萌生心念。应该无所执著而生清净心。须菩提啊，比如有个人，身体像最高大的山须弥山一般，你怎么想，这样的身体是否高大？"须菩提说："很高大，世尊。"（佛问：）"为什么？"（须菩提回答：）"佛说的并非人身，是法身，这才叫大身。"

标目是"庄严净土"，佛与须菩提通过对话，说明真正的庄严净土就是无所执著，连佛在燃灯佛处得到了佛法没有，菩萨的功德使佛地更庄严了没有这些念头，也不要执著。这就是"无所住而生其心"，这样才能真正认识佛法的"大身"——就是"非身"。前人评点说："随其心净，则佛土净。盖此心清净，便是庄严佛土，悉以外饰为哉？七宝宫殿，五彩栋宇，皆外饰也，此凡夫所谓庄严，非菩萨之所谓庄严。欲知菩萨庄严，当于非庄严中求之。"

◎ 第十一品　无为福胜分

【题解】

本章通过宏大的比喻说明《金刚经》是佛法宝典,空无才是真福。

【原文】

"须菩提,如恒河中所有沙数,如是沙等恒河,于意云何?是诸恒河沙,宁为多不[1]?"须菩提言:"甚多,世尊。""但诸恒河尚多无数,何况其沙。须菩提,我今实言告汝,若有善男子、善女人,以七宝满尔所恒河沙数三千大千世界[2],以用布施,得福多不?"须菩提言:"甚多,世尊。"佛告须菩提:"若善男子、善女人,于此经中,乃至受持四句偈等,为他人说,而此福德,胜前福德。"

【注释】

[1]宁:设问的语气虚词。

[2]七宝:见第八品注释[1]。　恒河沙数三千大千世界:恒河,又叫恒水,在今印度、孟加拉国境内。三千大千世界见第八品注释[1]。三千大千世界前面加上"恒河沙数"的修饰语,是说众多到不可思议的"世界",即更加广阔无边的宇宙。前人说:"西土有河名曰恒河,佛多以此河沙为言者,盖因众人之所见,而取以为譬喻也。"

【译文】

(佛问:)"须菩提啊,像恒河中有无数粒沙子,如果有多少粒沙子就再有多少条恒河。这所有的恒河中所有的沙子的粒数累加起来,你想想多不多?"须菩提回答:"很多,世尊。"(佛说:)"这么多恒河已经多得不可胜数,何况是这所有恒河中所有的沙子的粒数呢。但是,须菩提啊,我现在实言告诉你:如果有善男子、善女人,他(或她)用七宝布施装满了那恒河沙数的三千大千世界,他(或她)得到的福应该够多了吧?"须菩提回答说:"很多,世尊。"佛又对须菩提说:"如果有善男子、善女人,从这部经典(即《金刚经》)中修持领受,甚至不用全部经典,只是持受经典中的四句偈语等,并为别人解说,他所得到的福德,将超过前面所说的福德。"

【领会】

标目是"无为福胜",意思是持受《金刚经》中"无"即"空"的佛家根本义理,其所获福德要胜过一切有形的布施等功德。还是强调万法皆空。

◎ 第十二品　尊重正教分

【题解】

本章赞美《金刚经》在佛教经典中的至尊地位，是"正教"，当然要顶礼尊重。

【原文】

"复次须菩提，随说是经，乃至四句偈等，当知此处，一切世间天人阿修罗[1]，皆应供养，如佛塔庙。何况有人尽能受持读诵。须菩提，当知是人，成就最上第一希有之法。若是经典所在之处，即为有佛，若尊重弟子。"

【注释】

[1]天人：即天上之人，天界生类之总称。　阿修罗：梵语音译，又名无酒神、非天、无善神，据说相貌丑陋，性格好斗，是所谓天龙八部中的第五部。

【译文】

（佛说：）"再说呢，须菩提啊，如果有人随时随地解说这部经典（即《金刚经》），甚至只是持颂四句偈语等，那就是无上功德，要知道这个地方（指《金刚经》所在之地），一切世间的天人、阿修罗，都应该供奉它，好像供奉佛塔庙宇一样。何况还有人能够诵读领会持受这部经典呢！须菩提啊，应当知道这个诵读领会持受这部经典的人已经成就了最高的、第一的、罕见的佛法。只要有这部经典的所在之处，就有佛存在，就有尊重的弟子在礼拜。"

【领会】

"尊重正教"，就是尊重《金刚经》，因为这部经典最好地体现了佛法的空无妙理。

◎ 第十三品　如法受持分

【题解】

本章以《金刚经》本身的名相作引子，说明不要执著名相本身，而要把握真谛，这才是"如法受持"。

【原文】

尔时须菩提白佛言："世尊，当何名此经？我等云何奉持？"佛告须菩提："是经名为《金刚般若波罗蜜》[1]。以是名字，汝当奉持。""所以者何？""须菩提，佛说般若波罗蜜，即非般若波罗蜜，是名般若波罗蜜。须菩提，于意云何？如来有所说法不？"须菩提白佛言："世尊，如来无所说。"

"须菩提，于意云何？三千大千世界所有微尘[2]，是为多不？"须菩提言："甚多，世尊。""须菩提，诸微尘，如来说非微尘，是名微尘；如来说世界非世界，是名世界。须菩提，于意云何？可以三十二相见如来不[3]？""不也，世尊。不可以三十二相得见如来。""何以故？""如来说三十二相，即是非相，是名三十二相。""须菩提，若有善男子、善女人，以恒河沙等身命布施，若复有人于此经中，乃至受持四句偈等，为他人说，其福甚多。"

[1]《金刚般若波罗蜜》：见"前言"。
[2]世界：梵语叫路迦，"世"是时间，"界"是空间，所谓世为迁流，界为方位。东、西、南、北、东南、东北、西南、西北、上、下为界；过去、未来、现在为世。　微尘：佛教把色体之极少称为极微，极微的七倍叫微尘，微尘的七倍叫金尘。总之是指极小的单位，犹如今日所说分子、原子、核子、电子、基本粒子等。
[3]三十二相：佛有三十二种身相，见第五品注释[1]。

那时，须菩提就问佛说："世尊，应当给这部经典什么名称呢？我们应当如何敬奉和持受它？"佛告诉须菩提说："这部经典名叫《金刚般若波罗蜜》。你们应当用这个名称来供奉和持受。"（须菩提问：）"这样叫的内涵是什么？"（佛说：）"须菩提啊，佛说般若波罗蜜，就不是般若波罗蜜，只是名叫般若波罗蜜而已。须菩提啊，你怎么想？如来说过佛法没有？"须菩提对佛说："世尊，如来并没有说过佛法。"

（佛说：）"须菩提啊，你怎么想？三千大千世界所有的微尘，这很多吧？"须菩提回答:"很多,世尊。"(佛说:)"须菩提啊,各种微尘,如来说不是微尘,只是叫微尘这个名;如来说世界不是世界,只是用世界这个名来称呼。须菩提啊,你想通了吗?能够凭借三十二相见到如来的法相吗?"(须菩提回答:)"不能,世尊。不能凭借三十二相见到如来的法相。"(佛问:)"是怎么回事?"(须菩提说:)"如来说三十二相就是非相,只是给三十二相以名称而已。"(佛说:)"须菩提啊,如果有善男子、善女人,用恒河沙粒那么多的身体和生命来布施,另外有人接受这部经典,甚至只是持受经典中的四句偈语等,为别人解说,那么他所受的福德要比前面的善男善女得到的多得多。"

从《金刚经》的名称到世界微尘的名称,再到佛的三十二相,乃至善男善女的布施,都是"名"而不是"实"。那么什么是佛法的实呢?就是《金刚经》里的微言大义——破除了所有"名相"的那个"空"谛。觉悟了这一点,就是"如法受持"。

◎第十四品　离相寂灭分

本章换一个角度阐述不执著表相、名称才能悟解佛法真谛。

尔时，须菩提闻说是经，深解义趣[1]，涕泪悲泣，而白佛言："希有世尊，佛说如是甚深经典，我往昔来，所得慧眼[2]，未曾得闻如是之经。世尊，若复有人得闻是经，信心清净，即生实相。当知是人，成就第一希有功德。世尊，是实相者，即是非相。是故如来说名实相。世尊，我今得闻如是经典，信解受持[3]，不足为难。若当来世，后五百岁，其有众生得闻是经，信解受持，是人即为第一希有。"

"何以故？""此人无我相，无人相，无众生相，无寿者相。""所以者何？""我相，即是非相、人相、众生相、寿者相，即是非相。""何以故？""离一切诸相，即名诸佛。"佛告须菩提："如是如是。若复有人得闻是经，不惊不怖不畏，当知是人，甚为希有。""何以故？""须菩提，如来说第一波罗蜜[4]，即非第一波罗蜜，是名第一波罗蜜。须菩提，忍辱波罗蜜[5]，如来说非忍辱波罗蜜，是名忍辱波罗蜜。""何以故？""须菩提，如我昔为歌利王割截身体[6]，我于尔时无我相，无人相，无众生相，无寿者相。""何以故？""我于往昔节节支解时，若有我相、人相、众生相、寿者相，应生嗔恨。须菩提，又念过去，于五百世作忍辱仙人，于尔所世，无我相，无人相，无众生相，无寿者相。是故须菩提，菩萨应离一切相，发阿耨多罗三藐三菩提心，不应住色生心，不应住声香味触法生心，应生无所住心。若心有住，即为非住。是故佛说菩萨心，不应住色布施。须菩提，菩萨为利益一切众生故，应如是布施。如来说一切诸相，即是非相。又说一切众生，即非众生。须菩提，如来是真语者，实语者，如语者，不诳语者，不异语者。须菩提，如来所得法，此法无实无虚。须菩提，若菩萨心，住于法而行布施，如人入暗，即无所见。若菩萨心，不住法而行布施，如人有目，日光明照，见种种色。须菩提，当来之世，若有善男子、善女人，能于此经受持读诵，即为如来以佛智慧,悉知是人,悉见是人,皆得成就无量无边功德。"

[1]义趣:义理之所归趋(趣是趋的通假字),所谓"是所说义,何所归趣"。义即佛法的道理,趣即修持佛法达到的境界。

[2]慧眼:佛教中有五眼:肉眼、天眼、慧眼、法眼、佛眼。慧眼为空谛一切智,即能够认识到万法皆空的眼力和智慧。

[3]信解受持:即信解行证,先信仰佛法,再理解佛法的道理,然后按照佛法的道理修行实践,最后达到了觉悟成佛的结果。

[4]第一波罗蜜:即般若波罗蜜,参见"前言"。

[5]忍辱波罗蜜:即六波罗蜜里的"忍辱",参见"前言"。

[6]歌利王:即迦利,古印度乌仗那国王,即波罗奈国王,暴戾恣睢。

那时,须菩提听了佛解说这部经典,深深地理解了其中道理的奥妙,不禁感动得涕泪纵横,哭泣着对佛说:"真是旷世难逢啊!世尊,您解说这部经典如此深刻,我自从过去修得慧眼以来,还从来没有听到过这样的经典。世尊啊,如果再有人能听到这部经典,产生对净土的信心,就能够认识实相。我知道这样的人就能成就最高的、罕见的功德。世尊啊,这实相,就是非相,所以如来说'实相'也只是名。世尊啊,我现在能听到这样的经典,信仰,理解,接受,证悟,这并不难。如果等到来世,再往后五百年,那时有众生能够听到这部经典,仍然信仰,理解,接受,证悟,那种人才是最罕见的呢。"

(佛问:)"为何这样说?"(须菩提回答:)"因为那种人已经达到了无我相,无人相,无众生相,无寿者相。"(佛问:)"那又是怎么回事呢?"(须菩提回答:)"我相就是非相、人相、众生相、寿者相,总之是非相。"(佛问:)"什么原因?"(须菩提回答:)"脱离了一切的相,就可以称作佛了。"佛告诉须菩提说:"是这样,是这样!如果还有人听说了这部经典,不感到惊奇、害怕和畏惧,要知道这样的人,是很稀少的。"(须菩提问:)"怎么回事?"(佛说:)"须菩提啊,如来说第一波罗蜜,就是非第一波罗蜜,第一波罗蜜只是个名称。须菩提啊,忍辱波罗蜜,如来说就是非忍辱波罗蜜,忍辱波罗蜜只是个名称。"(须菩提问:)"这是什么原因?"(佛说:)"须菩提啊,就像我从前被歌利王割截肢体时,我那时就没有我相,没有人相,没有众生相,没有寿者相。"(须菩提问:)"怎么会那样?"(佛回答:)"我在过去被节节肢解时,如果有我相、人相、众生相、寿者相,那我就会产生嗔怒仇恨。须菩提啊,再回想过去,在五百年前我作忍辱仙人,在那个时代,我就已经没有我相、人相、众生相和寿者相。因此之故,须菩提啊,菩萨应该脱离一切相,产生无上正等正觉的智慧觉悟,不应该停留在色、声、香、味、触、法的六尘上感觉思考,应该产生无所执著的心念。如果心念有所执著,那就是没有守护好心念。因此,佛说菩萨的心念不应该停留在表相的布施上。须菩提啊,菩萨为了一切众生的利益,应该这样布施。如来说一切相各种相,就是非相。又说一切众生,就是非众生。须菩提啊,如来是说真话的人,说实话的人,说符合真如法义之话的人,是不说谎话的人,是不说怪异话语的人。须菩提啊,如来所获得的法,这个法没有实也没有虚。须菩提啊,如果菩萨的心执著于法的表相而行布施,那就像人进入了暗处,什么也看不见。如果菩萨的心不执著于法的表相而行布施,就像人有清明的眼睛,同时日光明亮地照耀着,他就能够看见所有的境况。须菩提啊,将来的世界,如果有善男子和善女人,能够接受、认同和诵读这部经典,那就是如来。我以佛的智慧,能够预知这样的人之前途,能够完全预见这样的人将能成就无限广大的功德。"

本段的标目是"离相寂灭",即通过须菩提和佛的对话,反复阐明只要离开"相"而悟"空",不要"执著",就达到了佛的境界,否则就是没有觉悟,同时说明持诵《金刚经》就是达到这一境界的捷径。

◎ 第十五品 持经功德分

题解

本章再次突出《金刚经》之伟大,持诵它就是无上功德。

"须菩提,若有善男子、善女人,初日分以恒河沙等身布施[1],中日分复以恒河沙等身布施,后日分亦以恒河沙等身布施,如是无量百千万亿劫,以身布施。若复有人闻此经典,信心不逆,其福胜彼。何况书写受持读诵,为人解说。须菩提,以要言之,是经有不可思议、不可称量、无边功德。如来为发大乘者说[2],为发最上乘者说。若有人能受持读诵,广为人说,如来悉知是人,悉见是人,皆得成就不可量、不可称、无有边、不可思议功德。如是人等,即为荷担如来阿耨多罗三藐三菩提。""何以故?""须菩提,若乐小法者[3],著我见、人见、众生见、寿者见,则于此经不能听受读诵,为人解说。须菩提,在在处处,若有此经,一切世间天人、阿修罗,所应供养,当知此处,即为是是,皆应恭敬,作礼围绕,以诸华香[4],而散其处。"

[1] 初日分:古印度称早晨为初日分,中午为中日分,下午为后日分。 恒河沙:即像恒河中的沙粒一样多。

[2] 大乘:梵语音译摩诃衍,用乘载比喻觉悟的境界,自觉且觉他者谓大乘,限于自觉者谓小乘。

[3] 小法:指外道法,即非佛法。

[4] 华香:华是花的通假字,华香即花和香。

(佛说:)"须菩提啊,如果有善男子或善女人在初日分时用恒河沙粒那样多的身体生命来布施,中日分时再以恒河沙粒那样多的身体生命来布施,后日分时也以恒河沙粒那样多的身体生命来布施,像这样在无限量百千万劫数长的时间中以身体和生命来布施。如果再有人听说这部经典,信奉它而不动摇,他所受的福要胜过前边的人。何况这个人还书写、诵读并为人解说这部经典。须菩提啊,扼要地说,这部经典有不可思议的,不可称量的,无边广大的功德。如来是为立志修大乘之人说这部经,为立志修达最上乘之人说这部经的。如果有人能够接受、修持、诵读并广为他人宣讲这部经典,如来预知这样的人,预见这样的人,都能成就不可计量的、不可称说的、没有边际的、不可思议的功德。像这样的人,就可以成就如来的无上正等正觉的大智慧大觉悟。"(须菩提问:)"那是什么原因?"(佛回答:)"须菩提啊,如果喜欢外道的人,他执著于我见、人见、众生见和寿者见,那他对于这部经典就不能谛听、接受、诵读,为人解说。须菩提啊,无论何处,如果有这部经典,那么一切世间的天人、阿修罗,都应该供养,要知道这部经典所在之处就是佛塔,都应该表示恭敬,围绕着它顶礼,用各种花和各种香散布于它所在之处。"

　　强调《金刚经》的无上经典地位,诵读它,宣讲它,接受它,就是无量功德,所以标目为"持经功德"。

◎第十六品　能净业障分

【题解】

本章说诵读持受《金刚经》就能洗除自己的罪业——所谓"能净业障"。

【原文】

"复次须菩提,若善男子、善女人,受持读诵此经,若为人轻贱,是人先世罪业[1],应堕恶道。以今世人轻贱故,先世罪业,即为消灭,当得阿耨多罗三藐三菩提[2]。须菩提,我念过去无量阿僧祇劫[3],于然灯佛前[4],得值八百四千万亿那由他诸佛[5],悉皆供养承事,无空过者。若复有人于后末世,能受持读诵此经,所得功德,于我所供养诸佛功德百分不及一千万亿分,乃至算数譬喻,所不能及。须菩提,若善男子、善女人,于后末世,有受持读诵此经,所得功德,我若具说者,或有人闻,心即狂乱,狐疑不信[6]。须菩提,当知是经义不可思议,果报亦不可思议[7]。"

【注释】

[1]罪业:罪恶的作为。佛教认为此生的罪恶行为将产生来世的苦果。
[2]阿耨多罗三藐三菩提:见第二品注释[7]。
[3]阿僧祇:梵文音译,印度数目名称,是数量无穷多的意思。又译无央数,以万万为亿,万亿为兆作计量单位,一阿僧祇相当于一千万万万万万万万兆。　劫:梵语劫簸的略文,又译大时、分别时节,即经过了变化遭遇的一段长时间。一种叫器世间,即世界由成而坏再立的数量。另一种叫岁劫,计算昼夜日月的数量。所以又叫劫数。
[4]然灯佛:即燃灯佛。
[5]八百四千万亿:数量无穷多之意。　那由他:梵语音译,印度数目名称,也是数量无穷多之意。
[6]狐疑:据说狐狸多疑。
[7]果报:因果报应。此世之果来源于前世之因,今世之因又导致来世之果。

【译文】

(佛说:)"再说,须菩提啊,如果善男子和善女人接受、修持和诵读这部经典,而他(或她)仍然被人轻贱,那是他(或她)在前世作了罪业,所以今生应该堕落进恶道遭受报应。由于今生被人轻贱之故,前世的罪业就会被抵消,就会修成无上正等正觉的大智慧。须菩提啊,我回想过去我遭逢了无限阿僧祇数量的劫数,在燃灯佛以前,就遇到过八百四千万亿那由他数量那么多佛,我全部恭敬地奉养、侍候,没有空过一个佛。如果后世再有人能够接受、修持和诵读这部经典,那么他所获得的功德,连我供养那么多佛的功德都不及他百分之一、千分之一、万分之一、亿分之一乃至不可计量的数目之一。须菩提啊,如果后世有善男子和善女人因接受、修持和诵读这部经典而获得的功德,我再具体说其巨大,有的人听到了心就会狂乱,满怀狐疑而不敢相信。须菩提啊,要知道这部经文的意义确实是不可思议的,接受、修持和诵读它的果报也是不可思议的。"

　　佛用各种不可思议的比喻,强调《金刚经》的伟大,当然主要还是说其中包涵的佛法义理的伟大。告诉人们只要修持《金刚经》就能获得觉悟,比其他一切供养佛的行为都有效。标目说"能净业障",意思是修持《金刚经》就能使自身所作各种业和所遇各种障得到洗涤消解。

◎ 第十七品　究竟无我分

[题解]

所谓"究竟无我",其实是阐明不要执著名相。

[原文]

尔时,须菩提白佛言:"世尊,善男子、善女人,发阿耨多罗三藐三菩提心[1],云何应住?云何降伏其心?"佛告须菩提:"善男子、善女人,发阿耨多罗三藐三菩提心者,当生如是心,我应灭度一切众生[2],灭度一切众生已,而无有一众生实灭度者。""何以故?""须菩提,若菩萨有我相、人相、众生相、寿者相[3],即非菩萨。""所以者何?""须菩提,实无有法,发阿耨多罗三藐三菩提心者。须菩提,于意云何?如来于然灯佛所,有法得阿耨多罗三藐三菩提不?""不也,世尊。如我解佛所说义,佛于然灯佛所,无有法得阿耨多罗三藐三菩提。"佛言:"如是如是。须菩提,实无有法如来得阿耨多罗三藐三菩提。须菩提,若有法如来得阿耨多罗三藐三菩提者,然灯佛即不与我授记[4],汝于来世当得作佛,号释迦牟尼[5]。以实无有法得阿耨多罗三藐三菩提,是故然灯佛与我授记,作是言,汝于来世当得作佛,号释迦牟尼。""何以故?""如来者,即诸法如义。若有人言如来得阿耨多罗三藐三菩提,须菩提,实无有法,佛得阿耨多罗三藐三菩提。须菩提,如来所得阿耨多罗三藐三菩提,于是中无实无虚。是故如来说一切法,皆是佛法。须菩提,所言一切法者,即非一切法,是故名一切法。须菩提,譬如人身长大。"须菩提言:"世尊,如来说人身长大,即为非大身,是名大身。""须菩提,菩萨亦如是,若作是言,我当灭度无量众生,即不名菩萨。"

"何以故?""须菩提,实无有法,名为菩萨。是故佛说一切法,无我无人无众生无寿者。须菩提,若菩萨作是言,我当庄严佛土,是不名菩萨。""何以故?""如来说庄严佛土者,即非庄严,是名庄严。须菩提,若菩萨通达无我法者,如来说名真是菩萨。"

[1]阿耨多罗三藐三菩提:见第二品注释[7]。

[2]灭度：见第三品注释[3]，即超脱了肉体生命而悟得佛教智慧。
[3]我相、人相、众生相、寿者相：见第三品注释[4]。
[4]授记：梵语和伽罗的意译，十二部经之一。又指佛对发心向善的众生授予将来必成佛的标记。
[5]释迦牟尼：见第一品注释[2]。

那时，须菩提对佛说："世尊，如果善男子和善女人想修成无上正等正觉的大智慧，那么他们应该如何守住自己的心念？如何降伏自己的心猿意马？"佛告诉须菩提说："善男子和善女人如果想修成无上正等正觉的大智慧，应当有这样的心念：我应该灭度一切的众生，但灭度了一切的众生以后，又知道并没有一个众生实际上是被我灭度的。"（须菩提提问：）"这是怎么回事？"（佛答：）"须菩提啊，如果所谓菩萨还有我相、人相、众生相和寿者相，那他就不是菩萨。"（须菩提提问：）"这又是怎么回事？"（佛答：）"须菩提啊，其实并没有什么佛法能启发人产生无上正等正觉的智慧。须菩提啊，我这么说是什么意思？比如我在燃灯佛那里时，是否得到了佛法的启发而产生无上正等正觉的大智慧呢？"（须菩提说：）"没有，世尊。照我所了解的佛所说的意思，佛在燃灯佛那儿时，没有得到佛法启发而产生无上正等正觉的大智慧。"佛说："是这样，是这样。须菩提啊，的确没有佛法让我得到无上正等正觉的大智慧。须菩提啊，如果我当时真得到了无上正等正觉而成佛，燃灯佛就不会给我授记，预言说你在来世会成佛，佛号叫释迦牟尼。正因为其实我没有得到无上正等正觉，燃灯佛才给我授记，并说这样的话：你在来世会成佛，佛号叫释迦牟尼。"（须菩提提问：）"那到底是怎么回事？"（佛答：）"如来这两个字，就是一切佛法都无法可得的意思。如果有人说如来得到了无上正等正觉，须菩提啊，其实没有什么佛法能让佛得到无上正等正觉。须菩提啊，所谓一切法，就是非一切法，正因此才叫它一切法。须菩提啊，就比如我说过人身高大。"须菩提说："世尊，如来说人身高大，就是人身不高大，因此才叫高大身。"（佛说：）"须菩提啊，菩萨也是这样，如果一个菩萨这样说：我应当灭度无量众生。那他就不是菩萨了。"

（须菩提提问：）"那是怎么回事？"（佛答：）"须菩提啊，只有完全没有法，才叫菩萨呢。所以佛说一切法都无我相，无人相，无众生相，无寿者相。须菩提啊，如果菩萨这样说：我应当使佛地庄严，那他就不是菩萨。"（须菩提提问：）"那是怎么回事？"（佛答：）"如来说使佛地庄严，就是非庄严，因此才叫庄严。须菩提啊，如果菩萨确实懂得了无我之法，如来说那才叫真菩萨。"

标题叫"究竟无我"，意思是只有彻底弄明白"无我"的意思，才算真懂了佛法的大义。佛与须菩提的对话就是反复在阐明这个意思。

◎第十八品　一体同观分

【题解】

本章说只要把握了空无宗旨,就能超越万相——"一体同观"。

【原文】

"须菩提,于意云何?如来有肉眼不[1]?""如是,世尊。如来有肉眼。""须菩提,于意云何?如来有天眼不?""如是,世尊。如来有天眼。""须菩提,于意亦何?如来有慧眼不?""如是,世尊。如来有慧眼。""须菩提,于意云何?如来有法眼不?""如是,世尊。如来有法眼。""须菩提,于意云何?如来有佛眼不?""如是,世尊。如来有佛眼。"

"须菩提,于意云何?如恒河中所有沙,佛说是沙不?""如是,世尊。如来说是沙。""须菩提,于意云何?如一恒河中所有沙,有如是沙等恒河,是诸恒河所有沙数佛世界,如是宁为多不?""甚多,世尊。"

佛告须菩提:"尔所国土中所有众生若干种心,如来悉知。""何以故?""如来说诸心,皆为非心,是名为心。""所以者何?""须菩提,过去心不可得,现在心不可得,未来心不可得。"

[1]肉眼:五眼之一。五眼是肉眼、天眼、慧眼、法眼、佛眼。肉眼是肉身所有之眼。天眼是色界天人所有之眼,人修禅定也可得到,能够有不分远近内外昼夜俱可见的视力。慧眼是照见真空无相之理的智慧。法眼是菩萨为度众生照见一切法门之智慧。佛眼是佛陀身上具备了前四眼者。另外还有十眼之说,则是肉眼、天眼、慧眼、法眼、佛眼、智眼、光明眼、出生死眼、无碍眼、一切智眼。在这十眼中,肉眼是见一切色,天眼是见一切众生心,慧眼是见一切众生之诸根境界,法眼是见一切法实相,佛眼是见如来之视力。指的是修行佛法所达到的不同境界。

(佛问:)"须菩提啊,你怎么想?如来有肉眼吗?"(须菩提答:)"是这样,世尊,如来有肉眼。"(佛问:)"须菩提啊,你怎么想?如来有天眼吗?"(须菩提答:)"是这样,世尊,如来有天眼。"(佛问:)"须菩提啊,你怎么想?如来有慧眼吗?"(须菩提答:)"是这样,世尊,如来有慧眼。"(佛问:)"须菩提啊,你怎么想?如来有法眼吗?"(须菩提答:)"是这样,世尊,如来有法眼。"(佛问:)"须菩提啊,你怎么想?如来有佛眼吗?"(须菩提答:)"是这样,世尊,如来有佛眼。"

(佛问:)"须菩提啊,你怎么想?像恒河中有无限沙粒,我说是沙粒吗?"(须菩提答:)"是这样,世尊,如来说是沙粒。"(佛问:)"须菩提啊,你怎么想?像恒河中有无限沙粒,大千世界中也有和沙粒那么多的恒河,像这所有恒河中的所有沙粒这么多的佛世界,像这样算不算多呢?"(须菩提答:)"很多,世尊。"

佛告诉须菩提说:"像这样多国土中所有众生的各种心念,如来都知道。"(须菩提问:)"那是怎么回事?"(佛答:)"如来说各种心念,都不是心念,只是叫作心念。"(须菩提问:)"那是什么意思?"(佛答:)"须菩提啊,过去的心不可得,现在的心不可得,未来的心也不可得。"

说如来有肉眼、天眼、慧眼、法眼和佛眼,也就是这五种眼从"万法皆空"的意义上说都是一样的,也可以说都不是眼。说多得像无限恒河无限沙数的世界中的无限众生的无限心念如来都知道,其实是说这些心念也都是空无,不应执著。所以说过去、现在和未来的心念都不可得。这就是标题所说"一体同观"。

◎ 第十九品　法界通化分

【题解】

法界是梵语达摩驮都的义译,又译法性、实相。一般有两个维度的解释,一是从事实的维度,一是从义理的维度。法即万象各类,界即分界,即所有外界的表现。

【原文】

"须菩提,于意云何?若有人满三千大千世界七宝[1],以用布施,是人以是因缘,得福多不?""如是,世尊。此人以是因缘得福甚多。""须菩提,若福德有实,如来不说得福德多;以福德无故,如来说得福德多。"

【注释】

[1]三千大千世界:见第八品注释[1]。　七宝:见第八品注释[1]。

【译文】

(佛问:)"须菩提啊,你怎么想?如果有人用能装满三千大千世界的七宝来布施,这个人由于这种布施的因缘所得到的福多不多?"(须菩提答:)"像这样是很多的,世尊。这个人由于这种因缘所得的福是很多的。"(佛说:)"须菩提啊,如果福德是真实具有的,如来就不说得到的福德多了;因为福德其实没有,如来才说得到的福德很多。"

【领会】

佛说再大的福德其实也是虚无的,还是强调万法皆空的宗旨。所谓"以福德无故,如来说得福德多",即"无"才是根本。这是通遍一切"法界"的真理,故曰"法界通化"。

◎ 第二十品　离色离相分

【题解】

"离色离相"——不要盲目崇拜佛的偶像,而要领悟佛教义理。

【原文】

"须菩提,于意云何?佛可以具足色身见不[1]?""不也,世尊。如来不应以具足色身见。""何以故?""如来说具足色身,即非具足色身,是名具足色身。""须菩提,于意云何?如来可以具足诸相见不?""不也,世尊。如来不应以具足诸相见。""何以故?""如来说诸相具足,即非具足,是名诸相具足。"

【注释】

[1]具足色身:即十分完美的身体。色身,佛教称四大(地、水、火、风)五尘(色、声、香、味、触)等色法而成之身,即人有形的肉体。

【译文】

(佛问:)"须菩提啊,你怎么想? 对佛能够凭借其优美圆满的色身来认识吗?"(须菩提答:)"不行,世尊。对如来不应该凭借其优美圆满的色身来认识。"(佛问:)"是什么原因?"(须菩提答:)"如来说的优美圆满的色身,就是非优美圆满的色身,只是称作优美圆满的色身而已。"(佛问:)"须菩提啊,你怎么想?对如来可以凭借各种优美圆满的身相来认识吗?"(须菩提答:)"不能,世尊。对如来不应该凭借各种优美圆满的身相来认识。"(佛问:)"为什么?"(须菩提答:)"如来说的各种优美圆满的身相,就是非优美圆满的身相,只是叫作优美圆满的身相。"

【领会】

佛与须菩提的问答其宗旨还是打破对色身、诸相的执著,阐明万法皆空,所以标目叫"离色离相"。

◎ 第二十一品　非说所说分

【题解】

"非说所说"——不要解说佛法,还是在强调空之本旨。

【原文】

"须菩提,汝勿谓如来作是念,我当有所说法。莫作是念。""何以故?""若人言如来有所说法,即为谤佛,不能解我所说故。须菩提,说法者,无法可说,是名说法。"

尔时,慧命须菩提白佛言[1]:"世尊,颇有众生于未来世,闻说是法,生信心不?"佛言:"须菩提,彼非众生,非不众生。""何以故?""须菩提,众生众生者,如来说非众生,是名众生。"

【注释】

[1]慧命:法以智慧为寿命,智慧如果损伤,法身也就灭亡。即觉悟空谛的智慧是一切的根本。

【译文】

(佛说:)"须菩提啊,你不要以为如来有这样的心念:我应当对佛法有所解说。不要有这样的念头。"(须菩提答:)"为什么呢?"(佛答:)"因为说如来对佛法有所解说,那就是诽谤佛,是没有理解我所说的真谛之故。须菩提啊,所谓解说佛法,就是无佛法可说,只是叫作'说佛法'而已。"

当时,已达慧命的须菩提对佛说:"世尊,是否有许多众生,在未来的世界听到解说这佛法,而产生对佛法的信心呢?"佛言:"须菩提啊,他们不是众生,但又不是'不是众生'。"(须菩提问:)"那是什么原因?"(佛答:)"须菩提啊,所谓众生之所以成为众生,如来说其实是'不是众生',只是叫作众生。"

【领会】

佛不说法,因为万法皆空,所以题目说"非说所说",即不说法就是说法。众生是众生又不是众生,还是强调空是绝对的,一切名相都是相对的。前人疏解说:"佛言彼非众生者,皆具真一之性,与佛同源,故曰非众生。言非不众生者,背真逐妄句,丧己灵,故曰非不是众生。"意为众生和不是众生之间,只在是否觉悟了空谛之一念而已。

◎ 第二十二品　无法可得分

"无法可得",是说无是佛法的根本。

须菩提白佛言:"世尊,佛得阿耨多罗三藐三菩提[1],为无所得耶?"佛言:"如是如是。须菩提,我于阿耨多罗三藐三菩提,乃至无有少法可得,是名阿耨多罗三藐三菩提。"

【注释】

[1]阿耨多罗三藐三菩提:见第二品注释[7]。

须菩提对佛说:"世尊,佛得到了无上正等正觉的大智慧吗?还是没有得到?"佛回答说:"是这样,是这样。须菩提啊,我对于无上正等正觉的大智慧,是达到了一点法也没有得到的境界了,这才叫无上正等正觉的大智慧。"

【领会】

"无有少法可得"就是"阿耨多罗三藐三菩提",这是空谛的另一种表达法。所以题目说"无法可得"。

◎第二十三品　净心行善分

题解

只有摆脱"有"的执著，才能净心，才是真善。

原文

"复次须菩提，是法平等，无有高下，是名阿耨多罗三藐三菩提。以无我、无人、无众生、无寿者[1]，修一切善法，即得阿耨多罗三藐三菩提。须菩提，所言善法者，如来说即非善法，是名善法。"

注释

[1]无我、无人、无众生、无寿者：即无我相、人相、众生相、寿者相，见第三品注释[4]。

译文

（佛说：）"再说呢，须菩提啊，这佛法是平等的，没有高下的区别，所以才名叫无上正等正觉的大智慧。只要以无我相、无人相、无众生相和无寿者相的心念，修行任何善法，都能获得无上正等正觉的大智慧。须菩提啊，我所说的善法，就是非善法，只是叫它善法罢了。"

领会

"净心"即心中无我、无人等四相，只要有了这个根本，修任何善法都能觉悟。所以说"是法平等"，说"善法"也是"非善法"。"净心行善"强调的是"净心"。

◎第二十四品　福智无比分

诵读《金刚经》就有福，持受《金刚经》就生智。

"须菩提，若三千大千世界中[1]，所有诸须弥山王[2]，如是等七宝聚[3]，有人持用布施。若人以此《般若波罗蜜经》[4]，乃至四句偈等[5]，受持读诵，为他人说，于前福德，百分不及一，百千万亿分，乃至算数譬喻所不能及。"

[1]三千大千世界：见第八品注释[1]。
[2]须弥山王："王"是指须弥山乃众山之最的意思。见第十品注释[3]。
[3]七宝：见第八品注释[1]。
[4]《般若波罗蜜经》：即《金刚经》，见"前言"。
[5]四句偈：见第八品注释[4]。

（佛说：）"须菩提啊，设想三千大千世界中亿万的须弥山，像数量这么众多的七宝都聚集在一起，有人拿它去布施。再设想有人就对这部《般若波罗蜜经》，甚至只是四句偈语等，接受，修持，诵读，为他人解说，前面那个人所得到的福德，比起后面这个人所得到的福德，百分之一都不及，百千万亿分之一都不及，甚至都无法用数字来表达。"

"福智无比"是说《金刚经》的智慧无比，修持《金刚经》所得福德无比。用一个不可思议的比喻来形容这种无比。

◎第二十五品　化天所化分

题解

"化天所化"——佛只是启发每个人自己觉悟,是点拨,不是灌输。

原文

"须菩提,于意云何?汝等勿谓如来作是念,我当度众生[1]。须菩提,莫作是念。""何以故?""实无有众生如来度者。若有众生如来度者,如来即有我人众生寿者[2]。须菩提,如来说有我者,即非有我。而凡夫之人,以为有我。须菩提,凡夫者,如来说即非凡夫,是名凡夫。"

注释

[1]度:即灭度、度脱,见第三品注释[3]。
[2]我人众生寿者:即我相、人相、众生相、寿者相,见第三品注释[4]。

译文

(佛说:)"须菩提啊,你怎么想?你们不要说如来有这样的想法:我应当灭度众生。须菩提啊,不要有这种想法。"(须菩提问:)"那是为什么?"(佛答:)"其实并没有众生需要如来度脱的。如果有了这样的众生,那如来就有了我相、人相、众生相和寿者相。须菩提啊,如来说'有我',就是'非有我',而凡庸之人却以为真的'有我'了。须菩提啊,凡人,如来说就是非凡人,只是叫他凡人。"

领会

佛不度众生,因为佛也是空,佛如果有度众生之念,那就不空了,也就不是佛了。凡夫只要无我了,也就成佛了。这就是"化天所化"——就是要修持经典后自己觉悟。

◎ 第二十六品　法身非相分

"法身非相"——不要拜偶像，即使对佛也是如此。

"须菩提，于意云何？可以三十二相观如来不[1]？"须菩提言："如是如是。以三十二相观如来[2]。"佛言："须菩提，若以三十二相观如来者，转轮圣王[3]，即是如来。"须菩提白佛言："世尊，如我解佛所说义，不应以三十二相观如来。"尔时，世尊而说偈言[4]：

"若以色见我，以音声求我，
　是人行邪道，不能见如来。"

[1]三十二相：见第五品注释[1]。

[2]观：佛教术语，通过观察虚妄的表相世界，而达到佛教空谛的智慧。

[3]转轮圣王：据说是刹帝利种姓，即位时东方忽现金轮，凭这金轮降伏四方，所以叫转轮王。他曾轮回三次，经历增劫、灭劫。他有三十二种身相。佛教中又把四大天王也叫转轮圣王。转轮圣王比喻太平盛世的太平帝王。

[4]偈：梵语意译，又译颂，四句整齐韵语，用以表达一种对佛法的理解、赞颂。又偈与竭意通，即摄尽其义之意，也就是完全概括了微言大义。

译文

（佛说：）"须菩提啊，你怎么想？能够凭借三十二种身相来认识如来吗？"须菩提回答说："是这样，是这样。凭借三十二种身相能够认识如来。"佛说："须菩提啊，如果能够凭借三十二种身相认识如来，那么转轮圣王也就是如来了。"须菩提对佛说："世尊，如果我理解了您所说的意思，那么不应该凭借三十二种身相认识如来。"那时候，世尊就说偈语：

"若以色见我，以音声求我，
　是人行邪道，不能见如来。"

这一段通过佛和须菩提的对话，说明不应该执著于"相"的佛家根本道理，即使是佛的三十二种相，也不应该执著，所以标题说"法身非相"，即佛的"法身"不是以"相"来体现的，还是强调万法皆空的真谛。所以最后佛的偈语说不能以"色"见我，也不能以"音声"求我，那是"行邪道"，并不能真正认识我。

第五品等前文中须菩提说不能以身相见如来，这里却又说能够以三十二相见如来，好像须菩提的觉悟降低了，似有文本悖谬。所以南怀瑾解释说："这个问题佛已经提出来好几次了。须菩提被佛这么一问，又昏起头来了，我们如果把佛经当作教育法研究，你看这一位大老师大教授，当时的教育法真够厉害，须菩提明明答对，佛又东教西教，须菩提失去自信，答案也错了。他本来答错的，佛东教西教，他的答案又变对了，此所谓佛的弟子都叫声闻众，跟着佛的声音受佛的教化。"

◎ 第二十七品　无断无灭分

题解

"无断无灭"——说空又要超越空,对空也不能执著。

原文

"须菩提,汝若作是念,如来不以具足相故[1],得阿耨多罗三藐三菩提[2]。须菩提,莫作是念,如来不以具足相故,得阿耨多罗三藐三菩提。须菩提,汝若作是念,发阿耨多罗三藐三菩提心者,说诸法断灭。莫作是念。""何以故?""发阿耨多罗三藐三菩提心者,于法不说断灭相。"

注释

[1]具足:具备满足。
[2]阿耨多罗三藐三菩提:见第二品注释[7]。

译文

(佛说:)"须菩提啊,你(听了我前面说的)如果有了这样的念头:如来并不是凭借完备圆满的身相而获得了无上正等正觉的大智慧。(但我告诉你,)须菩提啊,不要有这样的念头:如来由于不凭借完备圆满的身相的缘故,所以获得了无上正等正觉的大智慧。须菩提啊,你如果有了这样的念头:产生了无上正等正觉大智慧的人,就说一切法都断灭而空无。但你不要产生这样的念头。"(须菩提问:)"到底是怎么回事?"(佛说:)"产生无上正等正觉之大智慧的人,对法是不说它有断灭空无相状的。"

领会

这一段对话是承接上一段对话的,佛进一步强调对"空"本身也不能执著,所以告诫须菩提也不要说"诸法断灭"这种把"空"绝对化的话,这就是标题所谓"无断无灭"。前人这样解释:"如来不以具足相故者,佛恐须菩提落断灭见,是故令离两边。"

当然也有的版本中第一句话中没有"不"字,那这段话就成这样:"须菩提,汝若作是念,如来以具足相故,得阿耨多罗三藐三菩提。须菩提,莫作是念。如来不以具足相故,得阿耨多罗三藐三菩提。"从表面上看似乎更容易理解。

◎第二十八品　不受不贪分

即使为了佛法，也不要以贪受福德为目的，因为那就违背了佛法真谛。

"须菩提，若菩萨以满恒河沙等世界七宝[1]，持用布施，若复有人知一切法无我，得成于忍[2]，此菩萨胜前菩萨所得功德。""何以故？""须菩提，以诸菩萨不受福德故。"

须菩提白佛言："世尊，云何菩萨不受福德？""须菩提，菩萨所作福德，不应贪著[3]，是故说不受福德。"

[1]七宝：见第八品注释[1]。
[2]忍：忍耐违逆之境而不起嗔心，安住于道理而不动心。即忍受不顺利境遇而以佛法超脱。
[3]贪著：贪婪执著。

（佛说：）"须菩提啊，如果有一个菩萨用能装满恒河的沙粒那么多的世界中的七宝来布施，而另一个人懂得一切佛法都是没有自我之相状的，从而得以达到忍的境界，其所获功德，这后一个菩萨是胜过前一个菩萨的。"（须菩提问：）"为什么？"（佛答：）"须菩提啊，因为各位菩萨都不接受福德。"

须菩提问佛说："世尊，为什么菩萨不受福德？"（佛答：）"须菩提啊，菩萨所作成的福德，就是不贪得不执著，所以说不受福德。"

"不受不贪"，因为佛教的根本教义是空谛，福德的心念也要空，当然对一切福德都不应该有接受贪著之心。前人解释说："不贪世间福德，果报谓之不受。又云：菩萨所作福德不为自己，止欲利益众生，此是无所住心，即无贪著，故云不受福德。"

◎第二十九品 威仪寂静分

【题解】

威仪即仪表、言行、风度等外在的表现。"威仪寂静",即真正的威仪是超越威仪的。

【原文】

"须菩提,若有人言如来若来,若去,若坐,若卧[1],是人不解我所说义。""何以故?""如来者,无所从来,亦无所去,故名如来。"

【注释】

[1]来、去、坐、卧:这是所谓四威仪。

【译文】

(佛说:)"须菩提啊,如果有人说如来有来有去,有坐有卧,那是没有理解我所说佛法的微言大义。"(须菩提问:)"为什么?"(佛答:)"如来的意思,就是没有从何处来,也不向何处去,所以才叫如来。"

【领会】

这是从来、去、坐、卧这四种最日常的行为来阐明对任何东西都不要执著。达到这种空掉一切的境界,也就"威仪寂静"了,因为四威仪在心理上都不存在了。前人解释说:"行、住、坐、卧,谓之四威仪。见性能行持人,所谓行、住、坐、卧常若虚空。……如来者,如本性也,本无动静,所以无去无来,故假名(假是"借"的意思,假名即借名)如来。"

◎第三十品 一合相分

【题解】

"一合相"——世界是微尘之集合,但其本质是空。

【原文】

"须菩提,若善男子、善女人,以三千大千世界碎为微尘[1],于意云何?是微尘众,宁为多不?"须菩提言:"甚多,世尊。""何以故?""若是微尘众实有者,佛即不说是微尘众。""所以者何?""佛说微尘众,即非微尘众,是名微尘众,世尊。""如来所说三千大千世界,即非世界,是名世界。""何以故?""若世界实有者,即是一合相[2]。如来说一合相,即非一合相,是名一合相。须菩提,一合相者,即是不可说,但凡夫之人贪著其事[3]。"

【注释】

[1]三千大千世界:见第八品注释[1]。 微尘:指极小的单位,见第十三品注释[2]。
[2]一合相:世界是微尘的集合体,所以称世界为一合相。也即世界是由各种物质的分子组成的。
[3]贪著:执著于表面现象。

【译文】

(佛说:)"须菩提啊,如果有善男子或善女人把三千大千世界粉碎成微尘,那你怎么想?像这么多的微尘,是不是很多呢?"须菩提回答说:"很多,世尊。"(佛问:)"为什么呢?"(须菩提答:)"如果真有那么多微尘,佛就不会说微尘多。"(佛问:)"那是什么原因?"(须菩提答:)"佛说微尘多,就是非微尘多,只是叫它微尘多,世尊。"(佛说:)"所以如来说三千大千世界,就是非世界,只是叫它世界。"(须菩提问:)"那是怎么回事?"(佛说:)"如果世界是真实存在的,那么它就是微尘的集合体。如来说微尘的集合体,就是非微尘的集合体,只是叫它微尘的集合体。须菩提啊,微尘的集合体,是不可以用语言解说的,但普通庸众执著于表面现象。"

【领会】

这一段还是用打比方的方法阐明世界之本质是空无的,一切名相都是"假名",给它个名称,最后仍然要变成空无。这就是佛反复说的"说某某,即非某某,是名某某"的一个三段论法。但没有觉悟的普通人不懂这一点,为暂时存在的表面现象所迷惑,为那个"一合相"所迷惑,这就是"凡夫之人贪著其事"。

◎第三十一品　知见不生分

题解

"知见不生"——知道我见、人见、众生见、寿者见也是应该超越的,因为空才是佛法真谛。

原文

"须菩提,若人言佛说我见、人见、众生见、寿者见[1],须菩提,于意云何?是人解我所说义不?""不也,世尊。是人不解如来所说义。""何以故?""世尊说我见、人见、众生见、寿者见,即非我见、人见、众生见、寿者见,是名我见、人见、众生见、寿者见。""须菩提,发阿耨多罗三藐三菩提心者[2],于一切法[3],应如是知,如是见,如是信解,不生法相。须菩提,所言法相者[4],如来说即非法相,是名法相。"

[1]我见、人见、众生见、寿者见:见第三品注释[4]。
[2]阿耨多罗三藐三菩提:见第二品注释[7]。
[3]法:梵语音译达摩,意思是通于一切,小的大的,有形的无形的,真实的虚妄的,表现为具体事物的,表现为抽象道理的等等,通通叫法。
[4]法相:即万法各自表现的特殊现象。

（佛说:）"须菩提啊,如果有人说佛说过我见、人见、众生见、寿者见,须菩提啊,你怎么想?这么说的人理解了如来说的微言大义了吗?"(须菩提答:)"没有,世尊。这么说的人没有理解如来所说的微言大义。"（佛问:）"那是什么原因?"（须菩提答:）"世尊说我见、人见、众生见、寿者见,那就不是我见、人见、众生见、寿者见,只是叫它我见、人见、众生见、寿者见。"(佛说:）"须菩提啊,要想启发无上正等正觉的大智慧,对一切法都应该像这样了解,像这样认识,像这样信仰和解说,不要执著于表面现象。须菩提啊,所谓法相,如来说就是非法相,只是叫它法相。"

法是宇宙万有,法相是宇宙万物万象的表现形式,本节从总结性的高度再次阐明不要被表面现象迷惑，归根结底都是虚无。达到了这种境界，对于各种我见、人见、众生见、寿者见也就能够超脱，这就是"知见不生"——意思是"知道各种'见'是'不生'的"。

◎ 第三十二品　应化非真分

一切都在变化，因此一切都不真实，这就是"应化非真"。

"须菩提，若有人以满无量阿僧祇世界七宝[1]，持用布施；若有善男子、善女人，发菩提心者[2]，持于此经，乃至四句偈等[3]，受持读诵，为人演说，其福胜彼。云何为人演说？不取于相，如如不动[4]。""何以故？"

"一切有为法[5]，如梦幻泡影。

如露亦如电，应作如是观[6]。"

佛说是经已，长老须菩提[7]，及诸比丘、比丘尼[8]、优婆塞、优婆夷[9]，一切世间天人阿修罗[10]，闻佛所说，皆大欢喜，信受奉行。

[1]阿僧祇：指数量无穷多，见第十六品注释[3]。　七宝：见第八品注释[1]。
[2]菩提心：菩提旧译为道，新译为觉，就是觉悟的意思。菩提心就是萌生了向佛觉悟的心思、念头。
[3]四句偈：见第八品注释[4]。
[4]如如不动：佛教术语，指达到了觉悟的境界。
[5]有为法：有所作为就有因缘结果，佛教认为这样就永远牵连不绝，无法觉悟，所以有为法就是指红尘世界的一切思想感情言语行为。
[6]如是观：像这样看。
[7]长老：见第二品注释[1]。
[8]比丘、比丘尼：见第一品注释[3]。
[9]优婆塞、优婆夷：梵语，指在家修行的居士，男的叫优婆塞，女的叫优婆夷。
[10]阿修罗：见第十二品注释[1]。

（佛说：）"须菩提啊，如果有人用不可想象的能装满无可计量的世界那么多的七宝，拿来布施；如果有善男子和善女人萌发了菩提心，拿这部经典，甚至只是对四句偈语，来接受、修持、诵读，为人演说，后者的福德要胜过前者。怎么样给人演说呢？不要停留在经文的表相上，要内外相通而灵悟。"（须菩提问：）"那是怎么回事？"（佛念偈语说：）

"一切有为法,如梦幻泡影,
　　　如露亦如电,应作如是观。"
　　至此,释迦牟尼佛解说完了这部经典,长老须菩提,以及众多比丘、比丘尼、优婆塞、优婆夷,还有一切世间和天上的阿修罗,听了佛的讲解,都十分欢喜,真诚地接受这部经典的教义并遵照修持实行。

　　佛最后念四句偈语,是对《金刚经》义理的概括总结。总之一切"有为法"即一切红尘万象,如梦幻,如泡影,如露水,如闪电,都是转瞬即逝,也就是标题所谓"应化非真",一切都是变化不居的,是不真实的。你懂得了这一点,你就看开了,你也就觉悟了,你就要修行,要向众生讲解这个道理,你就不再被世俗的功名利禄等所迷惑纠缠,你就不是一个心心念念只想到自己的自私的人和可怜的人,而是一个菩萨,一个佛了。菩萨和佛并不是神,而是每一个觉悟了的人。所以对佛的庄严身相也要破除,所谓不可以身相见如来。

　　佛和须菩提通过对话讲解《金刚经》的方法是旋立旋破,讲究"扫除",从各个角度打破人的执著心,阐明万法皆空。但他们同时强调不能因此执著于"空"和"无",因为执著于空和无就使空和无成了一种新的"有",这就著了"空相",仍然不能解脱,也就是说,"有为法"不能执著,"无为法"也不能执著。所以经文中也有不少对"无为法"的破除,所谓不住"非相",不住"断灭相"。这就是所谓不沉顽空,不堕偏枯,不落两边。

　　这样,佛教特别是其中的禅宗,既说万法皆空,但又并不完全否定现实,说万法都是变动不居的,但万法还是存在的,因此又强调要获得觉悟不能离开现实的一切琐细事故,说一切烦恼皆是菩提,一切世法皆是佛法,说平常心是道,吃饭穿衣就是修行。用今天的话来说,就是觉悟了道理后要从自己做起,从生活中的每一件小事做起;从现在做起。

◎ 附 录

《金刚经》主要译本

后秦·印度来华僧人鸠摩罗什译《金刚般若波罗蜜经》
北魏·天竺三藏菩提流支译《金刚般若波罗蜜经》
南朝陈·天竺三藏真谛译《金刚般若波罗蜜经》
隋·南印度三藏达摩笈多译《金刚能断般若波罗蜜经》
唐·三藏玄奘译《能断金刚般若波罗蜜多经》
唐·三藏义净译《能断金刚般若波罗蜜多经》

《金刚经》笺注、研究著作举例

后秦·僧肇《金刚经注》一卷
晋·慧远《金刚般若波罗蜜经疏》一卷
晋·谢灵运《金刚般若波罗蜜经注解》四卷
隋·智顗《金刚般若波罗蜜经疏》一卷
隋·吉藏《金刚般若疏》四卷
唐·慧净《金刚经注疏》三卷
唐·智俨《金刚经略疏》二卷
唐·窥基《金刚般若波罗蜜经赞述》二卷
唐·慧能《金刚般若波罗蜜经解义》三卷
唐·宗密《金刚经疏论纂要》二卷
宋·子璿《金刚经同刊定记》四卷
明·朱棣《金刚经集注》
清·徐槐廷《金刚经解义》二卷
丁福保《金刚经笺注》
太虚法师《金刚般若波罗蜜经讲录》
王恩洋《金刚般若波罗蜜经释论》

江味农《金刚经讲义》
演培法师《金刚经讲记》
释竺摩《金刚经讲话》
王巨川《金刚经句解易知》
湛山老人《金刚经讲义》
南怀瑾《金刚经说什么》
星云法师《金刚经讲话》
达照《〈金刚经赞〉研究》

《金刚经》名言警句

△一切有为法，如梦幻泡影。如露亦如电，应作如是观。（第051页）

坛 经

[唐]慧 能 著
[元]宗 宝 改编

梁归智 译注

◎ 行由品第一

【题解】

行由即慧能的行履、来历，品相当于章、节。行由品第一就是第一章，写慧能觉悟的始末。

【原文】

时大师至宝林[1]，韶州韦刺史与官僚入山[2]，请师出，于城中大梵寺讲堂[3]，为众开缘说法[4]。师升座次，刺史官僚三十馀人，儒宗学士三十馀人[5]，僧尼道俗一千馀人[6]，同时作礼，愿闻法要[7]。大师告众曰：善知识[8]，菩提自性[9]，本来清净，但用此心，直了成佛[10]。善知识，且听慧能行由得法事意。

【注释】

[1] 时：当时，指慧能到宝林寺的时候。也有的解释说这个"时"是表示开始讲述这部经典。 大师：指慧能。 宝林：宝林寺，曾名中兴寺、法泉寺，宋朝叫南华寺，在广东韶州（今韶关）南华山。

[2] 韶州韦刺史：在韶州任地方行政官的韦琚，刺史是主管当地行政的官员的名称。据印顺《中国禅宗史》，认为张九龄撰《故韶州司马韦府君墓志铭》中的韦司马可能就是韦琚，他在韶州任职期间，正是慧能的晚年和圆寂后一段时间。司马是刺史的佐贰副职，可能他曾摄代刺史正职，故《坛经》称他刺史。

[3] 大梵寺讲堂：韶州有大梵寺，曾名开元寺、崇宁寺、天宁寺和报恩光孝寺等，慧能在此开山传法。讲堂即讲经说法的厅堂。

[4] 开缘说法：缘是梵语意译，即攀缘，发生良好关系。慧能为大众说法，就让大众与佛教结了缘。

[5] 儒宗学士：儒家的读书人，学士是尊称。

[6] 僧尼道俗：僧和尼是佛教的男女信徒，道指道教徒，俗指信教而未出家的人。这是说听慧能讲经说法的人包括了儒、佛、道等在家和出家的各种类型，表示慧能的影响很大。

[7] 法要：佛法的要义。

[8] 善知识：佛教术语，指信仰佛教掌握佛理而一心向善的人。这里是对佛教信众的敬称。

[9] 菩提：梵语音译，旧译为道，新译为觉，即觉悟。 自性：即本性，禅宗认为每个人本来都有佛性。

[10] 直了：即顿悟，这是禅宗主张的修行觉悟法门。

【译文】

当时大师到了宝林寺，韶州的韦刺史和一些官僚属员进山登门拜访，把大师请出来，在韶州城的大梵寺讲堂中开讲，为大众开佛缘讲说佛法。大师登台就座，下面有刺史和官僚属员三十多人，儒家饱学之士三十多人，僧尼、道士和在家俗众一千多人，大家一齐向大师行礼，请求大师讲述佛法的微言大义。大师对听众说：各位善知识，人人都有菩提本性，它本来就是清洁干净的，只要自己发掘出这种本心，就能够了悟成佛。善知识们，你们先听听我慧能获得佛法的来龙去脉。

慧能严父[1]，本贯范阳[2]，左降流于岭南[3]，作新州百姓[4]。此身不幸，父又早亡[5]，老母孤遗，移来南海[6]，艰辛贫乏，于市卖柴。时有一客买柴，使令送至客店，客收去，慧能得钱，却出门外，见一客诵经。慧能一闻经语，心即开悟。遂问客诵何经？客曰："《金刚经》[7]。"复问从何所来，持此经典。客云："我从蕲州黄梅县东禅寺来[8]，其寺是五祖忍大师在彼主化[9]，门人一千有馀，我到彼中礼拜，听受此经。大师常劝僧俗，但持《金刚经》，即自见性，直了成佛。"慧能闻说，宿昔有缘，乃蒙一客，取银十两与慧能[10]，令充老母衣粮，教便往黄梅参礼五祖。

【注释】

[1]严父：古时候说父严母慈，故称严父。

[2]本贯范阳：范阳在今北京市大兴、宛平一带。据敦煌本，本贯作本官，意谓慧能的父亲原在范阳做官，但从《神会语录》开始，范阳被写成慧能的籍贯。

[3]左降：被贬官降职。左和右表示尊卑之义各个历史时期不同，这里是左卑右尊之意，故称左降。　岭南：五岭以南，即今广东地区。

[4]新州：今广东省西南部新兴地区。

[5]父又早亡：据《景德传灯录》，慧能三岁时父亲去世。

[6]南海：今广东省佛山市一带。

[7]《金刚经》：一部印度佛经，汉语版《金刚经》历史上共有六个著名译本并传，最通行的是后秦鸠摩罗什于弘始四年(402)译出本。传说从达摩到四祖道信，都是以《楞伽经》作为"印心"法门，到五祖弘忍改宗《金刚经》。当然历史真实究竟如何，学者们有种种不同说法。

[8]蕲州：今湖北省蕲州西北。

[9]五祖忍大师：慧能之师弘忍被后世禅宗尊为五祖(602—675)，湖北黄梅人，一说江西浔阳(今九江市)人，本姓周。　主化：(用佛教)主持教化。

[10]取银十两：敦煌本无客赠银两事，是"惠能闻说，宿业有缘，便即辞亲"，这有违于传统孝道，从惠昕本开始就加上了客赠银十两安置老母的情节。但十两银子其实太少，故《祖堂集》(五代南唐释静、释筠编)写赠银一百两，而且赠银者有名有姓，叫安道诚。

我父亲祖籍范阳，被贬职流放到岭南，成了新州的老百姓。我很不幸，父亲早早去世,母亲年迈,带着我这个丧父孤儿迁来南海,生活艰辛贫苦匮乏,靠我打柴市卖度日。当时有个客户买柴,让我送到客店去,客户收了柴,我拿了钱,一出门,遇见一个人在念佛经。我一听他念的经义,心里就感到有所领悟。我就问那个人念的是什么经?那人回答说:"《金刚经》。"我又问他从哪儿来,怎么会修持这部经典。那人回答说:"我从蕲州黄梅县东禅寺来,那个寺院是五祖弘忍大师在主持教化,门人有一千多,我到寺院中敬礼朝拜,听讲领受了这部经典。大师经常劝谕僧俗两众,只要修持《金刚经》,就能够发现自己的佛性,当下成佛。"我听他这样说,也是前世有缘,就有一个人拿出十两银子给我,让我拿去做老母的衣食赡养费,以便我前往黄梅参拜五祖。

慧能安置母毕,即便辞违,不经三十馀日,便至黄梅,礼拜五祖。祖问曰:"汝何方人?欲求何物?"慧能对曰:"弟子是岭南新州百姓,远来礼师,惟求作佛,不求馀物。"祖言:"汝是岭南人,又是獦獠[1],若为堪作佛?"慧能曰:"人虽有南北,佛性本无南北,獦獠身与和尚不同[2],佛性有何差别?"五祖更欲与语,且见徒众,总在左右,乃令随众作务[3]。慧能曰:"慧能启和尚,弟子自心常生智慧,不离自性,即是福田[4],未审和尚教作何务?"祖云:"这獦獠根性大利[5],汝更勿言,著槽厂去[6]。"慧能退至后院,有一行者[7],差慧能破柴踏碓[8],经八月馀。

[1]獦獠:读作葛僚,是当时对携犬行猎为生的南方少数民族的一种蔑称。可能当时慧能的穿戴像少数民族。

[2]和尚:梵语音译,尚也写作上,本是印度称老师的俗语,中国佛教中是对僧人的尊称,泛化后则指出家的佛教徒,尊义渐减。

[3]作务:干活,劳动。

[4]福田:好像种田会有收获,信佛教行善事也会有福报,故称福田。

[5]根性大利:佛教讲究慧根,即心性中有信佛的因子,大利指领悟很快,这是赞美语。

[6]槽厂:马棚。

[7]行者:方丈的侍者,也指游方僧人,这里指寺院内管理杂务的僧人。

[8]踏碓:碓是过去舂米的器具,一般为石制,配有杠杆原理的木槌,用脚踩木槌将稻碾为米,故叫踏碓。

我将母亲安顿好,立刻辞别母亲上路,不到三十多天,到了黄梅,拜见了五祖。五祖问我："你是哪里人？来这儿想得到什么？"我回答说："弟子是岭南新州的百姓，远道而来拜见您，只想成佛，不想得到别的什么东西。"五祖说："你是岭南人，又是獦獠，怎么能成佛呢？"我说："人虽然分南方人北方人，佛性却不分南北的，獦獠的肉身也许与和尚您有所不同，但佛性又有什么差异呢？"五祖想和我更作深谈，但看见徒弟们老围在旁边，就让我随众人一起在寺里劳作。我说："慧能有话启禀和尚，弟子从心里经常产生智慧，能不离开自身所有的佛性，就是在耕种福田，不知道和尚还让我做什么活计？"五祖说："这个獦獠，根性很敏捷呀。你不要再说了，到槽厂里干活去吧。"我退到后院，有一个行者，分派我劈柴、踏碓舂米，这样一直干了八个月。

祖一日忽见慧能，曰："吾思汝之见可用，恐有恶人害汝，遂不与汝言，汝知之否？"慧能曰："弟子亦知师意，不敢行至堂前，令人不觉。"

祖一日唤诸门人总来，"吾向汝说，世人生死事大，汝等终日只求福田，不求出离生死苦海。自性若迷，福何可救？汝等各去自看智慧，取自本心般若之性[1]，各作一偈[2]，来呈吾看，若悟大意，付汝衣法，为第六代祖。火急速去，不得迟滞。思量即不中用，见性之人，言下须见。若如此者，轮刀上阵，亦得见之。"

[1]般若：也作班若、波若、钵若、般罗若等，是梵语音译，一般读作"波耶"，意译的话，就是智慧的意思。当然这里指的是佛法的智慧，能洞彻万有一切的大智慧，所谓"无境不照，名为般若"。

[2]偈：梵语意译，又译颂，四句整齐韵语，用以表达一种对佛法的理解、赞颂。又偈与竭意通，即摄尽其义之意，也就是完全概括了微言大义。

五祖有一天忽然来后院看我，对我说："我想你的见解是有道理的，我怕有人暗害你，所以不和你进一步谈论，你知道吗？"我说："弟子也知道师父的意思，所以这几个月也不敢到前面讲堂去，这样让别人不注意我。"

五祖有一天把众多门人都召集起来，说："我向你们说：人生在世最大的问题是生死，你们却每天只想通过修行以求得福报，不去想怎样超脱生死的苦海。自己本有的佛性要是迷惑了，修行的福德怎么能拯救你们超脱苦海呢？你们都下去，各自反观智慧，从自己的内心发现般若之性，每人作一首偈语，送上来给我看。如果谁能觉悟大概，我就把衣钵法教都传给他，让他继任第六代祖师。快去作吧，不要耽搁。冥思苦想那可没用，能见到佛性的人，言谈之间立马觉悟。像这样的人，就是挥刀上阵打仗时，也能见到佛性。"

原文

众得处分[1]，退而递相谓曰："我等众人，不须澄心用意作偈[2]，将呈和尚[3]。有何所益？神秀上座[4]，现为教授师[5]，必是他得。我辈谩作偈颂[6]，枉用心力。"诸人闻语，总皆息心，咸言我等已后，依止秀师[7]，何烦作偈。

神秀思惟，诸人不呈偈者，为我与他为教授师，我须作偈将呈和尚。若不呈偈，和尚如何知我心中见解深浅？我呈偈意，求法即善，觅祖即恶，却同凡心，夺其圣位奚别？若不呈偈，终不得法，大难大难。

五祖堂前，有步廊三间，拟请供奉卢珍画《棱伽经》变相[8]，及五祖血脉图[9]，流传供养。神秀作偈成已，数度欲呈，行至堂前，心中恍惚，遍身汗流，拟呈不得，前后经四日，一十三度呈偈不得。秀乃思惟，不如向廊下书著，从他和尚看见，忽若道好，即出礼拜，云是秀作；若道不堪，枉向山中数年，受人礼拜，更修何道。是夜三更，不使人知，自执灯，书偈于南廊壁间，呈心所见。偈曰：

　　身是菩提树[10]，心如明镜台[11]，
　　时时勤拂拭，勿使惹尘埃。

秀书偈了，便却归房，人总不知。秀复思惟，五祖明日，见偈欢喜，即我与法有缘，若言不堪，自是我迷，宿业障重[12]，不合得法，圣意难测。房中思想，坐卧不安，直至五更。

[1]处分：这里是吩咐的意思。
[2]澄心：清心，使心思进入感悟佛理以便作偈子的境界。
[3]和尚：指弘忍。
[4]神秀：俗姓李，河南开封尉氏人。当时是弘忍的首席大弟子，后来受唐王朝礼遇，他的禅学流派历史上号为禅门北宗。　上座：这里是对神秀的尊称，意谓他是弘忍的首席大弟子。
[5]教授师：梵语阿阇梨的意译是教授，即规范正行，教授师是对可以教授规矩仪则而作众僧表率之高僧的敬称。

[6]漫作：胡乱作。意思是自己作的偈子一定水平不高。

[7]依止：仰仗追随。

[8]供奉卢珍：供奉是唐朝皇宫中对有某种技能的人给予的官职名称，供奉卢珍即一个叫卢珍的宫廷画师。《楞伽经》：即《楞伽经》，全称《楞伽阿跋多罗宝经》，据说从禅宗初祖达摩到四祖道信都以这部经作为主要经典。后来"北宗"神秀也奉为"宗经"。 变相：唐朝的一种绘画形式，佛教用变文、变相宣传佛经的故事和义理。

[9]五祖血脉图：将初祖达摩到二祖慧可、三祖僧璨、四祖道信、五祖弘忍的禅宗传承过程画成图。

[10]菩提树：印度的一种常绿乔木，传说释迦牟尼在此树下觉悟成佛，故名菩提树。

[11]明镜台：即明镜，《大乘起信论》中曾把众生的心喻作镜子。

[12]宿业障重：宿即过去、前世，业是梵语羯磨的意译，指人的一切思想言行，障是障碍，重即严重。宿业障重即人前世的思想言语行为对其现世造成了严重结果。

众人听了吩咐，退下来互相议论说："我们这些人，用不着费心思劳神作偈子去呈送和尚。那有什么好处？神秀上座现在已经是教授师，祖师的衣钵一定是传给他。我们再来随便作偈子，白白浪费心力。"大家听了这些议论，都死了心，都说我们以后还要仰仗神秀师傅，何必作偈子添麻烦呢。

神秀心里想，众人都不呈送偈子，是因为我是他们的教授师。我应该做偈子呈送和尚。如果我不呈送偈子，和尚怎么能知道我心里的见解是深是浅？但我要是呈送了偈子，为此求佛法固然很好，要是被理解成是为了当祖师那就不好，那和凡俗心争夺权位有什么区别？但如果不呈送偈子，又得不到佛法。真是左右为难，太难了。

五祖的禅堂前面有三间走廊，已经请了供奉画师卢珍准备在廊壁上画《楞伽经》的经文故事和五代祖师传承图，让后世流传供养。神秀做好了偈语，好几次准备呈送，走到禅堂前，心中就恍惚犹豫，浑身流汗，想呈送却不敢去，这样经过了四天，作了十三次尝试都没有勇气呈送上去。神秀想了想，不如把偈语写在廊壁上，让和尚自然看见，要是说好，我就出来礼拜说是我作的。要是说不好，那说明我白白在山中修行了几年，白白受人礼拜，还修什么佛道呢！当天夜里三更天，神秀不让人知道，自己拿了灯，把偈语书写在南面的走廊墙壁上，表达自己对佛性的见解。偈语说：

　　身是菩提树，心如明镜台。
　　时时勤拂拭，勿使惹尘埃。

神秀写完偈语，就回到自己的禅房，别人都不知道。神秀又想，明天五祖要是看了偈语很高兴,那我就和佛法有缘分,如果他说我的偈语很不好,那就是我的本性迷惑,前世业障太重,不应该得到佛法,老师的意思很难推测。神秀在房中左思右想,坐卧不安,一直到五更天。

祖已知神秀入门未得,不见自性。天明,祖唤卢供奉来,向南廊壁间绘画图相,忽见其偈。报言:"供奉却不用画,劳尔远来。经云:凡所有相,皆是虚妄[1]。但留此偈,与人诵持,依此偈修,免堕恶道[2]。依此偈修,有大利益。"令门人炷香礼敬[3],尽诵此偈,即得见性。门人诵偈,皆叹善哉!

祖三更唤秀入堂,问曰:"偈是汝作否?"秀言:"实是秀作,不敢妄求祖位,望和尚慈悲[4],看弟子有少智慧否?"祖曰:"汝作此偈,未见本性,只到门外,未入门内。如此见解觅无上菩提,了不可得,无上菩提,须得言下识自本心,见自本性,不生不灭,于一切时中,念念自见[5],万法无滞[6];一真一切真,万境自如如,如如之心,即是真实。若如是见,即是无上菩提之自性也[7]。汝且去一两日思惟,更作一偈,将来吾看,汝偈若入得门,付汝衣法。"神秀作礼而出,又经数日,作偈不成,心中恍惚,神思不安,犹如梦中,行坐不乐。

[1]凡所有相,皆是虚妄:《金刚经》第五品中语,原意是佛祖对须菩提说佛祖所有的身相,都是虚妄不实的,意思是一切皆空才是佛门真谛。这是弘忍引用佛祖的话说明不必再让卢供奉绘画图像的理由,敦煌本还有弘忍送卢供奉三十千钱的话。

[2]恶道:即三恶道,是地狱、饿鬼、旁生(除人之外的一切动物),三善道是天、人、阿修罗(即"非天",有"天福"而无"天德"者),三善道和三恶道合起来就是六道轮回。

[3]炷香:即烧香。炷是动词。

[4]慈悲:《智度论》二十七:"大慈与一切众生乐,大悲拔一切众生苦。"所以慈悲就是与众生同乐,救众生苦难的一种所谓菩萨情怀。

[5]念念:即每一个念头之间,指极短暂的瞬间。

[6]万法:法是梵语达摩的意译,指一切小者、大者、有形者、无形者、真实者、虚妄者、事物、道理等,所以万法就是指包罗万象的一切。

[7]无上菩提:即最高的觉悟。

五祖已经知道神秀还没有找到法门,没有自明佛性。天亮了,五祖请了卢供奉来，到南边廊壁上绘画图像，忽然看见壁上神秀写的偈语。就对卢供奉说："供奉不用再画了，劳你远来白跑一趟。经上说：所有的可见身相，都是虚妄不实的。只保留这篇偈语，让门人念诵修持，从这篇偈语获得启示，就能够避免堕落三恶道了。照这篇偈语修持，会大有好处。"五祖让门人烧香礼拜，都来念诵这篇偈语，以便觉悟佛性。众门人念诵偈语，都感叹叫好。

到三更时分，五祖把神秀叫进禅堂内室，问他说："那篇偈子是你作的吗？"神秀回答说："的确是我作的，我并不敢妄想追求祖师之位，只希望和尚大发慈悲，看看弟子还有一点智慧吗？"五祖说："你作的这篇偈子，并没有见到佛性，还停留在门外，没有进入门内。像这样来寻觅最高的觉悟，那是不可能得到的，最高的觉悟，必须在言语之间当下就能认识自己的本心，发现自己的本性。达到无生无死的境界，在任何时候，在每一个念头中，都能自觉认识，万种事物和境界都达到同一而没有一点滞碍；一样真了，则样样都真，万种事物和境界都是相同如一的，相同如一的心，就是真实的。能达到这样的认识，就是获得了最高觉悟的佛的本性。你再思考一两天，重新作一篇偈语，拿来给我看，你的偈语如果能觉悟入门，我就把衣钵法教都传给你。"神秀向五祖行礼后出来，又过了几天，偈语也没有做出来，心情恍恍惚惚，神思不安，好像在梦中一样，行走坐卧都闷闷不乐。

【原文】

复两日，有一童子[1]，于碓坊过，唱诵其偈，慧能一闻，便知此偈未见本性，虽未蒙教授，早识大意，遂问童子曰："诵者何偈？"童子曰："尔这獦獠不知，大师言：世人生死事大，欲得传付衣法，令门人作偈来看，若悟大意，即付衣法，为第六祖。神秀上座于南廊壁上书无相偈，大师令人皆诵，依此偈修，免堕恶道，依此偈修，有大利益。"慧能曰："我亦要诵此，结来生缘。上人[2]，我此踏碓八个馀月，未曾行到堂前，望上人引至偈前礼拜。"

童子引至偈前礼拜。慧能曰："慧能不识字，请上人为读。"时有江州别驾[3]，姓张名日用，便高声读。慧能闻已，遂言："亦有一偈，望别驾为书。"别驾言："汝亦作偈？其事希有。"慧能向别驾言："欲学无上菩提，不可轻于初学，下下人有上上智，上上人有没意智。若轻人，即有无量无边罪。"别驾言："汝但诵偈，吾为汝书，汝若得法，先须度吾，勿忘此言。"慧能偈曰：

菩提本无树，明镜亦非台。
本来无一物[4]，何处惹尘埃？

书此偈已，徒众总惊，无不嗟讶。各相谓言："奇哉！不得以貌取人，何得多时使他肉身菩萨[5]。"祖见众人惊怪，恐人损害，遂将鞋擦了偈，曰："亦未见性。"众以为然。

[1]童子：还没有正式出家的少年，或小沙弥一类。

[2]上人：本是对德行高者的尊称，这里慧能用以称呼童子，是表示格外尊重的意思。

[3]别驾：官名，刺史的佐僚。

[4]本来无一物：按敦煌本，这一句是"佛性常清净"，但从惠昕本开始，到契嵩本、宗宝本，就都改成了"本来无一物"。郭朋认为，"本来无一物"体现的"空"观，是一种全称否定，一空到底，是性空缘起论，没有任何保留。而慧能的思想，在世界观上是"真心"二元论——真如缘起论，在解脱论上是佛性论，在宗教实践上是顿悟思想。以"本来无一物"取代"佛性常清净"，正表明了两者绝不相同，是两种不同体系的思想。这一句的变动，体现了禅宗思想的历史变迁。

[5]肉身菩萨：虽然还是父母给予的肉身，但在精神上已经达到了菩萨的境界。

又过了两天，有一个寺院中的小童，从碓房门前经过，一边走一边唱诵神秀的偈语。慧能一听，就知道这篇偈子没有认识佛的本性，虽然我并没有接受过谁的教导，但早已懂了这首偈语的大意，就问小童说："你念诵的是什么偈子？"童子回答说："你这獦獠哪儿知道，大师说，世人最大的事是生死问题，想要把衣钵法教传承下去，让众门人都作偈语给他看，如果能觉悟大意，就把衣钵法教传给他，作第六代祖师。神秀上座在南边廊壁上写了这篇揭示万物无相的偈语，大师让众人都来唱诵，按照这篇偈子来修持，以免堕落三恶道，照这篇偈子修持，可以获得大好处。"慧能说："我也要念诵这篇偈语，好结下辈子的佛缘。上人，我在这儿踏碓舂米已经八个多月了，从来没有到前面法堂去过，希望上人能引导我到偈语前礼拜。"

童子就引导我到偈语前礼拜。我又说："慧能不识字，请上人给我念一念。"这时正好有一个信佛的江州别驾官，姓张，名叫日用的在旁边，就高声朗诵这篇偈语给我听。慧能听了以后，就说："我也有了一篇偈子，希望别驾替我写到壁上。"别驾说："你也能作偈语？这种事可是少有。"慧能向别驾说："要想学最高的智慧，就不能轻视初学的人。最下等的人也许有最上等的智慧，最上等的人也许会埋没智慧。如果轻视初学的人，就有无限大的罪过。"别驾说："你念你的偈子吧，我替你写。但如果你将来得到佛法，首先要超度我，可别忘了我这句话。"慧能就念偈语：

菩提本无树，明净亦非台。
本来无一物，何处惹尘埃？

别驾把偈子写在廊壁上，众门徒看了都很吃惊，没有不感叹的，互相说："真稀奇呀！看来不能以貌取人，他来的时间还不长，怎么就成了肉身菩萨了！"五祖看到众人吃惊奇怪，恐怕有人会伤害我，就用鞋把偈子擦掉，说："这篇偈语也没有觉悟到佛性。"大家信以为真。

原文

次日，祖潜至碓坊，见能腰石舂米[1]，语曰："求道之人，为法忘躯，当如是乎！"乃问曰："米熟也未[2]？"慧能曰："米熟久矣，犹欠筛在[3]。"祖以杖击碓三下而去。慧能即会祖意，三鼓入室。

祖以袈裟遮围，不令人见，为说《金刚经》，至应无所住而生其心，慧能言下大悟一切万法，不离自性。遂启祖言："何期自性本自清净，何期自性本不生灭，何期自性不自具足，何期自性本无动摇，何期自性能生万法。"祖知悟本性，谓慧能曰："不识本心，学法无益；若识自本心，见自本性，即名丈夫[4]、天人师[5]、佛。"三更受法，人尽不知。便传顿教及衣钵[6]，云："汝为第六代祖，善自护念，广度有情[7]，流布将来，无令断绝。听吾偈曰：

有情来下种，因地果还生。
无情亦无种，无性亦无生[8]。"

祖复曰："昔达摩大师[9]，初来此土，人未之信，故传此衣，以为信体，代代相承，法则以心传心，皆令自悟自解。自古佛佛惟传本体，师师密付本心。衣为争端，止汝勿传，若传此衣，命如悬丝。汝须速去，恐人害汝。"慧能启曰："向甚处去？"祖云："逢怀则止，遇会则藏[10]。"慧能三更领得衣钵，云："能本是南中人[11]，素不知此山路，如何出得江口？"五祖言："汝不须忧，吾自送汝。"祖相送直至九江驿[12]，祖令上船，五祖把橹自摇。慧能言："请和尚坐，弟子合摇橹。"祖云："合是吾渡汝[13]。"慧能曰：

"迷时师度,悟了自度,度名虽一,用处不同。慧能生在边方,语音不正,蒙师传法,今已得悟,只合自性自度。"祖云:"如是如是,以后佛法,由汝大行,汝去三年,吾方逝世。汝今好去,努力向南,不宜速说[14],佛法难起。"

[1] 腰石:腰里捆绑一块石头以增加身体重量,便于踏动舂米碓。
[2] 米熟也未:米舂好了没有。熟是舂好的意思。
[3] 犹欠筛在:还差一道用筛子筛的工序,暗示还需要五祖点拨验证的意思。
[4] 丈夫:如来有十号,其一叫调御丈夫。
[5] 天人师:如来十号之一,意为天和人都尊佛为师。
[6] 顿教:禅宗以顿悟相标榜,所以叫顿教。
[7] 有情:梵语萨埵意译,即众生。
[8] "有情来下种"偈:前两句说众生没有超脱有情,所以难脱因果报应的循环;后两句说超脱有情而觉悟后就能达到无性亦无生的佛教空谛境界。
[9] 达摩大师:南天竺(今印度南部)人,一说波斯人,南北朝时来中国传教,成为所谓禅宗初祖。
[10] 逢怀则止,遇会则藏:"怀"指怀集县,会指四会县,都是广东省的县名。这是带有预言性质的谶语,暗示慧能先在广东一带隐居等待机会。
[11] 南中人:岭南人。
[12] 九江驿:今江西省九江市。
[13] 合是吾渡:"渡"与"度"谐音相通,弘忍与慧能通过说渡船来表达佛法的传授。
[14] 不宜速说:根据法海《六祖大师缘起外纪》,慧能于唐高宗龙朔元年(661)得弘忍传法,到仪凤元年(676)遇到印宗后开始公开传法,中间隐藏了十六年。

第二天,五祖悄悄地来到碓坊,见慧能腰里绑一块石头在辛苦地舂米,就说:"追求佛道的人,为了佛法而舍身忘己,就像这样啊。"又问我说:"米舂好了吗?"慧能回答说:"米早就舂好了,还欠一道筛的工序。"五祖用禅杖敲击了石碓三下,然后离去。慧能当时就明白了五祖的意思,到半夜三更鼓响时,悄悄地来到五祖的住室。

五祖用袈裟遮住窗户灯光,不让别人看见,给我解说《金刚经》,讲到"应无所住而生其心"时,慧能当下就觉悟,知道所有一切万事万物都不脱离自己的本性。慧能对五祖说:"没想到自己的本性原来清净,没想到自己的本性原来就不生也不灭,没想到自己的本性本身就是圆满的,没想到自己的本性原就是坚定不移的,没想到自己的本性就能产生万事万物。"五祖知道慧能已经觉悟了自己的本性,就说:"如果不能认识自己的本心,学佛法也没用;如果认识了自己的本心,见证了自己的本性,那就可以叫大丈夫、天人师、佛。"我在半夜三更接受了五祖传法,没有任何人知道。五祖把顿教的法门和袈裟钵盂都传给了慧能,并说:"你将成为第六代祖师,要好好守护自己的心念,广泛超度有情的众生,使佛法永远流传,不要让它中断了。听我的偈语:

　　有情来下种,因地果还生。
　　无情亦无种,无性亦无生。"

五祖又说:"从前达摩大师刚来此地,人们还不信仰他,所以传下来这件袈裟,作为佛教真传的信物证据,一代一代互相传承。其实佛法真谛,要以心传心,都得自己觉悟自己理解。自古以来前佛与后佛之间只是传授本性的觉悟,每一代祖师交接也只是彼此会意本心的觉悟。袈裟是引起争端的由头,到你这儿就不要再传这袈裟了,要是再传这袈裟,你的性命就如游丝一般危险了。你必须赶快离去,恐怕会有人加害于你。"慧能问:"我去什么地方?"五祖回答说:"逢怀则止,遇会则藏。"我在三更天领受了袈裟钵盂,又对祖师说:"慧能本来是南中人,一向不知道这里的山路,怎么样才能走到江边渡口呢?"五祖说:"你不用担忧,我亲自送你走。"五祖把我直送到九江驿,让我上船,五祖亲自摇橹摆渡。慧能说:"请和尚坐下,弟子应该摇橹。"五祖说:"应该是我渡你。"慧能说:"迷惑的时候是老师度我,觉悟了就得自己度自己,度虽然还是度,那用处可不同了。慧能在边远地区长大,说话语音不纯正,承蒙老师传授给我佛法,现在已经觉悟了,就应该自明本性自我超度了。"五祖说:"是这样,是这样。以后的佛法,会由你而大行天下的,你离开三年后我才会逝世。现在你好好去吧,努力精进,往南方去吧。不要急于宣传说教,佛法的兴起是要经历许多磨难的。"

　　慧能辞违祖已[1],发足南行,两月中间,至大庾岭[2],逐后数百人来,欲夺衣钵。一僧俗姓陈,名惠明[3],先是四品将军,性行粗糙,极意参寻,为众人先,趁及慧能[4]。慧能掷下衣钵于石上,曰:"此衣表信,可力争耶?"能隐草莽中。惠明至,提掇不动,乃唤云:"行者行者[5],我为法来,不为衣来。"慧能遂出,盘坐石上。惠明作礼云:"望行者为我说法。"慧能云:"汝既为法而来,可屏息诸缘,勿生一念,吾为汝说。"明良久,慧能云:"不思善,不思恶,正与麽时,那个是明上座本来面目?"惠明言下大悟。复问云:"上来密语密意外,还更有密意否?"慧能云:"与汝说者,即非密也。汝若返照,密在汝边。"明曰:"惠明虽在黄梅[6],实未省自己面目。今蒙指示,如人饮水,冷暖自知。今行者即惠明师也。"慧能曰:"汝若如是,吾与汝同师黄梅,善自护持。"明又问:"惠明今后向甚处去?"慧能曰:"逢袁则止,遇蒙则居[7]。"明礼辞。

[1] 已:语气虚词,表示动作结束。
[2] 大庾岭:山名,江西省大庾县南和广东省南雄县的分界之处,也是一处地理分界标志,过了岭就属于岭南。
[3] 惠明:即慧明,敦煌本作惠顺,俗姓陈,据说是南朝陈宣帝的孙子,但此说有争议。
[4] 趁及:赶上。
[5] 行者:本义是方丈的侍者,后来也泛称修行佛道的人,这里是对慧能的称呼。
[6] 黄梅:湖北省黄梅县,弘忍所在地,可代指弘忍。
[7] 逢袁则止,遇蒙则居:袁指袁州,今江西省宜春县;蒙,袁州的蒙山。

　　慧能辞别了五祖,拔脚往南走,走了两个月,来到大庾岭,后面有几百个人追来,想抢夺证法的袈裟和钵盂。其中一个僧人俗姓陈,名字叫惠明,出家前当过四品的将军,性格行为粗暴,格外努力追寻我,跑在众人的前面,赶上了我。慧能把袈裟和钵盂扔在一块大石头上,说:"袈裟钵盂只不过是传法的信物而已,(并不是法本身,)怎么能靠强力来争夺呢?"然后就隐身在草丛林莽中。惠明赶来,却不拿袈裟钵盂,而喊叫说:"行者啊,行者啊,我是为佛法来的,不是为袈裟来的。"慧能就从隐身处走出来,在磐石上打坐。惠明向我行礼说:"请行者给我讲解佛法。"慧能说:"你既然是为佛法而来,你现在就静下心来,杜绝一切俗缘,一点俗念也不要产生,我就给你讲说佛法。"惠明沉思静默了很久,我对他说:"不思想善,也不思想恶,此时此刻,不就是惠明上座的本来面目吗?"惠明立刻觉悟。他又问我说:"除了刚才说的密语密意外,还有别的密意吗?"慧能回答说:"我对你说了,就不再是秘密了。你如果能用它来观照自己,秘密就在你那儿了。"惠明说:"惠明虽然在黄梅修行,却并没有省察到自己的本性。今天承蒙您指导教诲,好像人喝水一样,冷和暖只有自己知道。现在行者您就是我惠明的师傅了。"慧能回答说:"你要是这样想,我和你都是以黄梅五祖为师,咱们共同努力维护佛法吧。"惠明又问我说:"惠明今后该到哪儿去呢?"我回答说:"逢袁则止,遇蒙则居。"惠明向我行礼后告辞而去。

　　慧能后至曹溪[1],又被恶人寻逐,乃于四会[2],避难猎人队中,凡经一十五载，时与猎人随宜说法。猎人常令守网，每见生命，尽放之。每至饭时，以菜寄煮肉锅。或问，则对曰："但吃肉边菜。"

一日思惟，时当弘法，不可终遁，遂出至广州法性寺，值印宗法师讲《涅槃经》[3]。时有风吹幡动[4]，一僧曰风动，一僧曰幡动，议论不已。慧能进曰："不是风动，不是幡动，仁者心动[5]。"一众骇然。印宗延至上席，徵诘奥议，见慧能言简理当，不由文字。宗云："行者定非常人，久闻黄梅衣法南来，莫是行者否？"慧能曰："不敢。"宗于是作礼，告请传来衣钵，出示大众。宗复问曰："黄梅付嘱，如何指授？"慧能曰："指授即无，惟论见性，不论禅定、解脱。"宗曰："何不论禅定解脱？"慧能曰："为是二法，不是佛法，佛法是不二之法。"宗又问："如何是佛法不二之法？"慧能曰："法师讲《涅槃经》，明佛性是佛法不二之法。如高贵德王菩萨白佛言[6]：犯四重禁[7]，作五逆罪[8]，及一阐提等[9]，当断善根佛性否？佛言：善根有二，一者常，二者无常，佛性非常非无常，是故不断，名为不二；一者善，二者不善，佛性非善非不善，是名不二；蕴之与界[10]，凡夫见二，智者了达，其性无二，无二之性，即是佛性。"印宗闻说，欢喜合掌，言某甲讲经[11]，犹如瓦砾；仁者论议，犹如真金。于是为慧能薙发[12]，愿事为师。慧能遂于菩提树下，开东山法门[13]。

慧能于东山得法，辛苦受尽，命似悬丝。今日得与使君官僚僧尼道俗同此一会[14]，莫非累劫之缘，亦是过去生中供养诸佛，同种善根，方始得闻如上顿教，得法之因。教是先圣所传，不是慧能自智，愿闻先圣教者，各令净心。闻了各自除疑，如先代圣人无别。一众闻法，欢喜作礼而退。

[1] 曹溪：广东省韶关市南。
[2] 四会：广东省四会县，今新会县。
[3] 《涅槃经》：即《大般涅槃经》，主要教义是"一切众生，悉有佛性"。
[4] 幡：寺院里的旗子，窄长，是佛教法物。
[5] 仁者：佛教讲慈悲为怀，故可称和尚为仁者。这是慧能对法性寺僧人的尊称。
[6] 高贵德王菩萨：全称光明遍照高贵德王菩萨，见《涅槃经》二十一卷。
[7] 四重禁：即奸淫、杀戮、偷盗、大妄语四重罪。
[8] 五逆：罪恶之极逆于常理，又叫五间业。三乘通相五逆即杀父、杀母、杀阿罗汉、出佛身血、破和合僧，此外还有大乘别途五逆、同类五逆和提婆五逆。

[9]一阐提：佛教称断绝善根之极恶人为一阐提，但誓愿济度众生自己不成佛的菩萨也被称作一阐提，所谓二种一阐提，这里是指前者。

[10]蕴之与界：蕴指五蕴，又称五阴，即色、受、想、行、识。界指十八界，即六根（眼、耳、鼻、舌、身、意），六尘（色、声、香、味、触、法），六识（眼识、耳识、鼻识、舌识、身识、意识）。

[11]某甲：自称，相当于"我"。

[12]薙发：剃发。

[13]东山法门：指自己讲的佛法是从黄梅凭茂山弘忍处得到的真传。

[14]使君：对韦琚的尊称。

慧能后来到了曹溪，又被恶人寻找追逐，于是躲到四会，与猎人为伍以避难，一共过了十五年，经常随机给猎人们讲说佛法。猎人们常让我看守捕获猎物的网罟，我每见到活猎物误入网罟，就放走它们。每到吃饭的时候，我把素菜放在猎人们的肉锅里捎带煮熟。有的人问我为什么不吃肉，我就回答："我只吃肉边的素菜。"

终于有一天，我想，到了该弘扬佛法的时候了，不能老是隐遁。我就走出山林，来到广州法性寺。正遇上印宗法师在讲解《涅槃经》。当时有风吹动了旗幡，一个僧人说是风在动，另一个僧人说是旗幡在动，争论不休。慧能就参与讨论说："既不是风动，也不是旗幡动，是诸位仁者的心在动。"所有在场的人都被我的话震惊了。印宗把我请到上座，详细询问我佛法的深奥含义，他见我回答时言语简洁，不受经典字句的拘束。印宗说："行者一定不是普通人，早就听说黄梅的袈裟佛法都传到岭南来了，是不是就是行者你呢？"慧能回答说："不敢当。"印宗于是再行敬礼，请求我把五祖传授的袈裟和钵盂拿出来，给大众观看。印宗又问我："黄梅的祖师在付托传法时，有什么指示教诲？"慧能回答说："倒也没有什么指示教诲，只是说要认知自己的本性，并不说禅定、解脱的方法。"印宗问："为什么不说禅定、解脱的方法呢？"慧能回答说："因为禅定和解脱是两种法，不是佛法，佛法是不二之法。"印宗又问："什么是佛法的不二之法？"慧能说："法师你讲《涅槃经》，如果明白佛性，这就是不二之法。例如高贵德王菩萨曾问佛：如果有人犯了四重禁，作了五逆罪，还有一阐提，他们是不是断绝了善根佛性呢？佛回答说：善根有两种，一个是常，另一个是无常，可是佛性并没有常和无常之分别，所以不是断绝，这才叫作不二法门。五蕴和十八界，凡夫看见是两个，有智慧的人就能够懂得它们的本质并无分别。像这样无二的真性，就是佛性。"印宗听了我的回答，满心欢喜，合掌作礼，说自己讲的经就像瓦砾，而仁者您的讲论，就像真金。于是印宗就为慧能剃发，并愿拜我为师。慧能就在菩提树下开始讲授东山法门。

慧能从黄梅东山禅寺得到佛法真传，此后经历了无尽的辛苦和危险，曾经命如悬丝。今天终于能够和韦使君、众位官员、僧尼、道人、信佛人众共同聚会，这都是我们经历累世的劫数修到的缘分，也是我们在过去生生世世中供养各代佛祖的功德，才能一起种下善根，这才能有幸听闻到如上的顿教法门，和我获佛法的因缘过程。顿教是佛和祖师传下来的，并不是慧能自己的智慧发明。大家如果愿意听受佛和祖师的教理，就要首先使自己的心念清净无染。听了以后，要各自去除疑惑，就好像听佛和祖师亲自讲说一样。大家听了讲述后，都很高兴，行礼退出。

◎般若品第二

[题解]

般若即佛教的智慧。第二章是慧能向信众讲论般若智,即禅宗的真谛。本章是《坛经》的理论基础。

[原文]

次日,韦使君请益。师升座,告大众曰:总净心念摩诃般若波罗蜜多[1]。复云:善知识,菩提般若之智,世人本自有之,只缘心迷,不能自悟,须假大善知识,示导见性。当知愚人智人,佛性本无差别,只缘迷悟不同,所以有愚有智。吾今为说摩诃般若波罗蜜法,使汝等各得智慧,志心谛听,吾为汝说。

善知识,世人终日口念般若,不识自性般若,犹如说食不饱,口但说空,万劫不得见性,终无有益。善知识,摩诃般若波罗蜜是梵语,此言大智慧到彼岸。此须心行,不在口念,口念心不行,如幻如化,如露如电。口念心行,则心口相应。本性是佛,离性无别佛。

何名摩诃?摩诃是大,心量广大,犹如虚空,无有边畔,亦无方圆大小,亦非青黄赤白,亦无上下长短,亦无瞋无喜,无是无非,无善无恶,无有头尾,诸佛刹土,尽同虚空。世人妙性本空,无有一法可得。自性真空,亦复如是。善知识,莫闻吾说空便即著空,第一莫著空。若空心静坐,即著无记空[2]。善知识,世界虚空,能含万物色像,日月星宿,山河大地,泉源溪涧,草木丛林,恶人善人,恶法善法,天堂地狱,一切大海,须弥诸山[3],总在空中,世人性空,亦复如是。

善知识,自性能含万法是大,万法在诸人性中,若见一切人恶之与善尽皆不取不舍,亦不染著,心如虚空,名之为大。故曰摩诃。善知识,迷人口说,智者心行。又有迷人,空心静坐,百无所思,自称为大,此一辈人,不可与语,为邪见故。

善知识,心量广大,遍周法界。用即了了分明,应用便知一切,一切即一,一即一切,去来自由,心体无滞,即是般若。善知识,一切般若智,皆从自性而生，不从外入，莫错用意，名为真性自用。一真一切真，心量大事，不行小道。口莫终日说空，心中不修此行，恰似凡人，自称国王，终不可得，非吾弟子。

善知识，何名般若？般若者，唐言智慧也。一切处所，一切时中，念念不愚，常行智慧，即是般若行。一念愚即般若绝；一念智即般若生。世人愚迷，不见般若，口说般若，心中常愚，常自言我修般若，念念说空，不识真空。般若无形相，智慧心即是，若作如是解，即名般若智。

何名波罗蜜？此是西国语[4]，唐言到彼岸，解义离生灭。著境生灭起，如水有波浪，即名为此岸；离境无生灭，如水常通流，即名为彼岸，故号波罗蜜。

[1]摩诃般若波罗蜜多：即佛教大智慧到达彼岸之意。
[2]无记空："无记"是佛教术语，所谓三性之一，事物的性体不可记为善，也不可记为恶。无记空是一种偏执于空的不正确见解。
[3]须弥：即须弥山，佛教说大千世界中每一个世界都有须弥山，此世的须弥山就是喜马拉雅山。
[4]西国语：指印度语言，即梵语。

第二天，韦使君前来请慧能继续说法。大师登坛就座，对大众说：大家让心灵清净，然后念颂：摩诃般若波罗蜜多。又说：善知识们，菩提般若的智慧，世人本来自身都具有的，只是由于心被迷惑，不能自己觉悟，这才需要靠更高智慧的人，予以开导启示来认识佛性。要知道愚蠢的人或智慧的人，他们的佛性其实并没有差别，只是因为在迷惑和觉悟方面有所不同，才有的愚蠢有的智慧。我现在为大家解说摩诃般若波罗蜜法，让你们都各自获得智慧，诸位要专心致志地听，我现在要讲了。

善知识们，世人整天口里念诵般若，却不认识自身本性的般若，这就像老是在嘴里念叨食物名称，是不能真吃饱的，只是口头不停地说空，就是经历千万劫数也不会受益的。善知识们，摩诃般若波罗蜜多是梵语，汉语的意思是有大智慧能到达彼岸。这是需要用心体会的，不在于口里念叨，只是口里空念而不用心体会不行，那就像梦幻、虚妄，像露水、闪电。口里念诵，心想力行，那就能心和嘴相应。人的本性就是佛，离开了人的本性就没有其他的佛。

什么叫摩诃？摩诃就是大，人的心胸度量之广大，就像虚空一样，没有边际，也没有方圆大小，既不是青黄红白，也没有上下长短，没有恼怒没有欢喜，没有是也没有非，没有善也没有恶，没有头也没有尾，诸佛所在的净土就像虚空一样无所不在。世人的灵妙本性本来就是空，并没有一种法则可以得到。所谓自我本性乃是真空，也是这个意思。善知识们，不要听我讲空，你们就执著了空，第一重要的是不要执著于空。如果执著于空而坐禅，那就落入无记空的境地。善知识们，世界本身是虚空的，这才能包含万物万像，日月星宿，山河大地，泉源溪涧，草木丛林，恶人善人，恶法善法，天堂地狱，一切大海大洋，众多的须弥山，都在这虚空之中，世人的本性虚空，也像这个样子。

善知识们，自己的本性中能包含万种佛法，这就是大，万种佛法就在每个人的本性中。如果我们看到一切人的或善或恶，都既不接近也不舍弃，也不受沾染和影响，心保持虚空，这就可称为大，也就是摩诃。善知识们，迷惑的人只用嘴说，智慧的人用心体会。还有一种迷惑的人，心中只执著于空而枯寂静坐，一点也不用心思考，还自称为大。像这样的人，不必和他们谈讲，因为他们的见识是偏邪的。

善知识们，心的度量十分广大，可以进入到无所不包无所不到的万有境界中。心的作用是了了分明的，运用它就能知晓一切。一切就是一，一就是一切，去和来都很自由，心的本质在于无阻无滞，这就是般若。善知识们，一切般若智慧，都从自己的本性生出，不是从外边来的，不要用错了心思，这就叫真实的本性自己来修行。只要一个真，那就一切都真，心的修行是大事，不能用小聪明取巧。不要整天嘴上老说空，心里却并不体会，那就像凡俗人自称自己是国王，不可能实现。这种人可不配作我的弟子。

善知识们，什么叫般若？般若的意思，汉语中叫智慧。在一切地方，一切时刻，每一心念中都不愚蠢，总是以智慧来处理一切事情，这就是修行般若。有一个念头愚蠢，般若就断绝了；有一个念头智慧，般若就产生了。世俗人太愚昧迷惑，不能认识般若，嘴里说般若，心里面却总是很蒙昧，经常自我夸耀说在修行般若，每个念头都执著于空，却不能认识真正的空。般若是无形无相的，就是智慧心，能够这样理解，就叫般若智慧。

什么叫波罗蜜？这是西方国家的话语。汉语的意思是到达彼岸，它表达的意义是离开生又离开死而获得解脱。如果执著世俗境界就会有生和死的概念，就像水有波浪一样，有了生死观就名叫此岸；离开了世俗境界就没有了生死观，就像水永远在流动，就名叫彼岸，这就叫波罗蜜。

善知识，迷人口念，当念之时，有妄有非。念念若行，是名真性。悟此法者，是般若法；修此行者，是般若行。不修即凡，一念修行，自身等佛。

善知识,凡夫即佛,烦恼即菩提。前念迷即凡夫,后念悟即佛。前念著境即烦恼,后念离境即菩提。善知识,摩诃般若波罗蜜最尊最上最第一。无住无往亦无来,三世诸佛从中出[1]。当用大智慧打破五蕴烦恼尘劳,如此修行,定成佛道,变三毒为戒定慧[2]。

善知识,我此法门,从一般若生八万四千智慧。何以故?为世人有八万四千尘劳,若无尘劳,智慧常现,不离自性。悟此法者,即是无念,无忆无著,不起诳妄,用自真如性,以智慧观照。于一切法,不取不舍,即是见性成佛道。

善知识,若欲入甚深法界,及般若三昧者,须修般若行,持诵《金刚般若经》,即得见性。当知此经功德,无量无边,经中分明赞叹,莫能具说。此法门是最上乘,为大智人说,为上根人说。小根小智人闻,心生不信,何以故?譬如天龙下雨于阎浮提[3],城邑聚落,悉皆漂流,如漂草叶;若雨大海,不增不减。若大乘人,若最上乘人,闻说《金刚经》,心开悟解。故知本性自有般若之智,自用智慧,常观照故,不假文字。譬如雨水,不从无有,元是龙能兴致,令一切众生,一切草木,有情无情,悉皆蒙润,百川众流,却入大海,合为一体。众生本性般若之智,亦复如是。

善知识,小根之人闻此顿教,犹如草木;根性小者,若被大雨,悉皆自倒,不能增长,小根之人,亦复如是。元有般若之智,与大智人更无差别,因何闻法不自开悟?缘邪见障重,烦恼根深,犹如大云覆盖于日,不得风吹,日光不现。般若之智亦无大小,为一切众生自心迷悟不同,迷心外见,修行觅佛,未悟自性,即是小根。若开悟顿教,不执外修,但于自心常起正见,烦恼尘劳,常不能染,即是见性。善知识,内外不住,去来自由,能除执心,通达无碍,能修此行,与般若经本无差别。

善知识,一切修多罗及诸文字,大小二乘,十二部经,皆因人置,因智慧性,方能建立,若无世人,一切万法本自不有,故知万法本自人兴。一切经书,因人说有,缘其人中有愚有智,愚为小人,智为大人。愚者问于智人,智者与愚人说法,愚人忽然悟解心开,即与智人无别。善知识,不悟即佛是众生,一念悟时,众生是佛。故知万法尽在自心,何不从自心中,顿见真如本性?

《菩萨戒经》云[4]:我本元自性清净,若识自心见性,皆成佛道。《净名经》云[5]：即时豁然，还得本心。善知识，我于忍和尚处，一闻言下便悟，顿见真如本性。是以将此教法流行，令学道者顿悟菩提，各自观心，自见本性。若自不悟，须觅大善知识，解最上乘法者，直示正路。是善知识有大因缘，所谓化导令得见性。一切善法，因善知识能发起故。三世诸佛、十二部经，在人性中本自具有，不能自悟，须求善知识，指示方见。若自悟者，不假外求，若一向执谓须他善知识望得解脱者，无有是处。何以故？自心内有知识自悟，若起邪迷，妄念颠倒，外善知识虽有教授，救不可得。若起正真般若观照，一刹那间，妄念俱灭。若识自性，一悟即至佛地。

[1] 三世：过去、现在、未来。

[2] 三毒：指贪、嗔、痴，佛教认为是人生烦恼的根本原因。 戒定慧：所谓三学，是针对三毒的对症下药。遵守戒律能防止贪爱；止息思虑则入定，能防嗔；智慧则不痴。

[3] 阎浮提：梵语音译，意译是瞻部洲。阎浮本为树名，因地生此树，地以之为名。

[4]《菩萨戒经》：《梵网经》中的《菩萨心地戒品第十》，共两卷。后来有人把下卷中偈颂以后所说的戒相单列为一卷，方便诵读修持。天台宗的智者叫它《菩萨戒经》。

[5]《净名经》：《维摩诘经》的另一个名称。

　　善知识们，迷惑的人只在嘴里念诵佛法，当念诵的时候，却充满了妄想是非之心。如果能又念又行，那叫真正的佛性。悟到这个方法的，就是般若法；照这样修行的，就是般若行。不这样修行的，就是凡俗之人。只要有了这样修行的念头，那他就和佛一样了。善知识们，凡夫就是佛，烦恼就是菩提。前一个念头迷惑了就是凡夫，后一个念头觉悟了就是佛。前一个念头执著于世俗境界就是烦恼，后一个念头离开了世俗境界就是菩提。善知识们，摩诃般若波罗蜜，是最尊贵的至高无上的最第一的佛法。无住，无往，无来，过去、现在和未来三世的诸佛都是从这里产生的。应当运用大智慧打破五蕴烦恼尘劳，如果这样修行，一定能修成佛道，使贪、嗔、痴三毒变成戒、定、慧。

　　善知识们，我的这个法门，从一个般若中能生出八万四千种智慧。是什么原因？因为世人有八万四千种世俗烦恼，如果没有世俗烦恼，智慧就经常出现而不离开自己的本性。觉悟了这种佛法的人，就没有妄念，没有回忆也没有执著，不产生怪诞狂妄的念头，而是运用自己的真如佛性，用智慧观照一切。对于一切佛法，既不贪求，也不舍弃，这样就认识到了人的本性并成就了佛道。

善知识们，如果要进入很深的佛法境界，以及般若三昧，那就需要修习般若行，坚持诵读《金刚波若经》，那就能认识佛性。要知道这部经典的功德，那是无量无边的。在经典中已经有很明白的赞叹，不需要具体解说了。这个法门是最上乘的，是为有大智慧的人说的，为有大根器的人说的。而小根器小智慧的人听了后，心中却不相信。为什么呢？比如天龙在阎浮提降暴雨，城镇村落都会在雨水中浸淫损坏，好像草叶漂流一般；但雨落到大海里，大海却不增也不减。如果那些具有大乘智慧的人，最上乘智慧的人，听了讲说《金刚经》，就会心窍大开，觉悟领会。因此我们知道人的本性中本来具有般若智慧，自己运用这智慧经常来观照一切，不需要凭借文字。就像雨水，不是无中生有产生的，原本是龙能兴云降雨，让一切众生，一切草木，有情的，无情的都受到滋润，汇成百川合流，归入大海，与海合成一体。众生本性中的般若智慧，也就像这个样子。

善知识们，小根器的人听讲这个顿教法门，就像草木；因为它根性小，如果遭遇大雨，都会自己倒伏，而不能自己增长，小根器的人，也是这个样子。其实般若智慧，小根器的人和大智慧的人并没有差别，为什么却听到佛法不能开窍觉悟呢？那是由于邪僻的偏见障碍太重，尘世烦恼太深，就像浓云覆盖了太阳，不经过大风吹，太阳光就不会显现。般若智慧也没有大小之别，只是因为一切众生自己心里的执迷或觉悟是不一样的，迷惑的心总是对外在的东西执著，从外面修行来寻找佛道，而没有觉悟自己的本性，这就是小根器之人。如果领悟了顿教的法门，不执著于外表的修行，只是从自己的内心经常产生正确的见解，各种世俗的烦恼都不会影响沾染，这就是认识了人的本性。善知识们，不要纠缠于内，也不要执著于外，来去都自由，能排除固执的成见，通达无碍，能这样修行，就和般若经典的内容没有差别了。

善知识们，一切经典和文字，大乘，小乘，十二部经，都是因人而设，因为众生本有智慧本性，才能有这些经典，如果没有世人，一切佛法本来都不会有，因此我们知道一切佛法都是因为有了人才兴盛起来的。一切的经书，都是因为人讲说才产生的。因为人当中有愚蠢的也有智慧的，愚蠢的人像小孩，智慧的人像成年人。愚蠢的人向智慧的人请教，智慧的人给愚蠢的人讲解佛法，愚蠢的人听讲后忽然觉悟开窍，就和智慧的人没有差别了。善知识们，不觉悟时佛也是众生，一念觉悟了众生就是佛。因此我们知道万种佛法都在自己的心中，为什么不从自己的心中顿悟而认识真如的本性呢？

《菩萨戒经》上说，我本来的自性就是清净的。如果能从自己的本心认识佛性，都可以成就佛道。《净名经》上说，瞬间豁然贯通，还是来自于本心。善知识们，我在弘忍和尚那里，一听到他讲佛法立刻就觉悟了，顿时认识了真如本性。因此我将这种教法宣传流布，让学佛道的人顿悟菩提，各自审视自己的内心，各自认识自己的本性。如果自己不能觉悟，那就需要找更有智慧的善知识，能领悟最上乘佛法的人,直接指示引导正路。这样的善知识与佛法有极大因缘,所谓教化开导,能让人认识到佛性。一切好的佛法,都因为这样的善知识才能起作用。过去、现在、未来的三世诸佛,十二部经典,在人的本性中本来都是具有的,可惜许多人不能自己觉悟,这就需要寻求善知识来指导启示,才可认识。如果本来能够自己觉悟,不需要向外求助,却固执地认为需要其他善知识帮助自己觉悟,那是不对的。为什么呢?因为自己内心本来就有可以觉悟的本性,如果产生了邪僻的偏见,妄想丛生,心智颠倒,那么即使外边有善知识给你教授讲解,也不能从根本上救拔你。如果从内心产生了真正的般若智慧予以观照,在一刹那间,各种妄念偏见都消除了。如果认识了自己的本性,瞬间觉悟就可达到佛的境界了。

原文

善知识,智慧观照,内外明彻,识自本心。若识本心,即本解脱,若得解脱,即是般若三昧[1],般若三昧,即是无念。何名无念?知见一切法,心不染著,是为无念。用即遍一切处,亦不著一切处,但净本心,使六识出六门[2],于六尘中无染无杂[3],来去自由,通用无滞,即是般若三昧,自在解脱,名无念行。若百物不思,当令念绝,即是法缚,即名边见[4]。善知识,悟无念法者,万法尽通,悟无念法者,见诸佛境界,悟无念法者,至佛地位。

善知识,后代得吾法者,将此顿教法门,于同见同行,发愿受持,如事佛故,终身而不退者,定入圣位。然须传授从上以来默传分付,不得匿其正法。若不同见同行,在别法中,不得传付,损彼前人,究竟无益。恐愚人不解,谤此法门,百劫千生,断佛种性。善知识,吾有一无相颂,各须诵取,在家出家,但依此修。若不自修,惟记吾言,亦无有益。听吾颂曰:

> 说通及心通,如日处虚空。
> 唯传见性法,出世破邪宗。
> 法即无顿渐,迷悟有迟疾。
> 只此见性门,愚人不可悉。
> 说即虽万般,合理还归一。
> 烦恼暗宅中,常须生慧日。
> 邪来烦恼至,正来烦恼除。
> 邪正俱不用,清净至无馀。

菩提本自性，起心即是妄。
净心在妄中，但正无三障[5]。
世人若修道，一切尽不妨。
常自见己过，与道即相当。
色类自有道，各不相妨恼。
离道别觅道，终身不见道。
波波度一生，到头还自懊。
欲得见真道，行正即是道。
自若无道心，暗行不见道。
若真修道人，不见世间过。
若见他人非，自非却是左。
他非我不非，我非自有过。
但自却非心，打除烦恼破。
憎爱不关心，长伸两脚卧。
欲拟化他人，自须有方便。
勿令彼有疑，即是自性现。
佛法在世间，不离世间觉。
离世觅菩提，恰如求兔角。
正见名出世，邪见名世间。
邪正尽打却，菩提性宛然。
此颂是顿教，亦名大法船[6]。
迷闻经累劫，悟则刹那间。

师复曰：今于大梵寺说此顿教，普愿法界众生言下见法成佛。时韦使君与官僚道俗，闻师所说，无不省悟，一时作礼，皆叹："善哉！何期岭南有佛出世！"

[1]三昧：梵语音译，即息虑凝心，定于一处，进入一种佛的心理境界。
[2]六识：眼识、耳识、鼻识、舌识、身识、意识。　六门：眼、耳、鼻、舌、身、意。
[3]六尘：色、声、香、味、触、法。
[4]边见：片面的见识。

[5]三障:烦恼障、业障、报障。

[6]法船:佛法能超度人,像船渡人过河到达彼岸。

善知识们,达到智慧的观照,就能里里外外都透彻清明,各种认识都发自本心。如果认识发自本心,就是本质的解脱,如果得到解脱,就是般若三昧,般若三昧,就是无念。什么叫无念?如果见到一切外界事物,心中都不受污染,就是无念。运用于任何地方,又不执著于任何地方,只是让本心清净,让"六识"从"六门"中出来,在"六尘"中无所沾染,来去自由,通达无阻碍,这就是般若三昧,自在解脱,就叫无念行。如果执意地不思考任何东西,强迫自己断绝念想,那就又被观念本身所束缚了,这就叫边见。善知识们,能觉悟了无念的法门,就万法都通达了,觉悟了无念的法门,才能见到诸佛的境界,觉悟了无念的法门,就成佛了。

善知识们,后代能得到我的法门之真谛的人,能继承这顿教法门,和志同道合的人一起修行,发誓愿维护坚持,就像侍奉佛祖一样,终身坚定信仰不改变,这样的人一定会达成圣位。不过要遵循历代祖师以心传心默默会心的传统,不能隐匿正法。如果不是志同道合者,是其他的法门,那就不能传授,以免损害前辈留立下的规矩。那样的话恐怕愚蠢的人不能理解,反而诽谤顿教法门,从而衍生各种劫难,使佛的种性断绝。善知识们,我有一篇无相偈颂,大家都要念诵记取,无论是出家的僧尼还是在家的居士,都要依据这篇偈语来修行。如果不自己修行,只是记住我说的话,那也是没有益处的。听我念颂:

说通及心通,如日处虚空。
唯传见性法,出世破邪宗。
法即无顿渐,迷悟有迟疾。
只此见法门,愚人不可悉。
说即虽万般,合理还归一。
烦恼暗宅中,常须生慧日。
邪来烦恼至,正来烦恼除。
邪正俱不用,清净至无馀。
菩提本自性,起心即是妄。
净心在妄中,但正无三障。
世人若修道,一切尽不妨。
常自见己过,与道即相当。
色类自有道,各不相妨恼。

离道别觅道,终身不见道。
波波度一生,到头还自懊。
欲得见真道,行正即是道。
自若无道心,暗行不见道。
若真修道人,不见世间过。
若见他人非,自非却是左。
他非我不非,我非自有过。
但自却非心,打除烦恼破。
憎爱不关心,长伸两脚卧。
欲拟化他人,自须有方便。
勿令彼有疑,即是自性现。
佛法在世间,不离世间觉。
离世觅菩提,恰如求兔角。
正见名出世,邪见名世间。
邪正尽打却,菩提性宛然。
此颂是顿教,亦名大法船。
迷闻经累劫,悟则刹那间。

六祖大师又说:今天在大梵寺讲说了这顿教法门,希望所有众生听了后都能明白佛法而成佛。当时韦使君和所有官僚以及道者、信佛的俗众,听了大师的讲说,没有不觉悟的,大家都向大师行礼,都一齐感叹:"善哉!真没想到岭南有真佛出世了!"

◎疑问品第三

【题解】

本章是慧能为信众们答疑解惑,指出要获得觉悟之关键是明心见性,并将这一宗旨落实到人生的每时每刻,一言一行。

【原文】

一日,韦刺史为师设大会斋,斋讫,刺史请师升座,同官僚士庶肃容再拜,问曰:"弟子闻和尚说法,实不可思议,今有少疑,愿大慈悲特为解说。"师曰:"有疑即问,吾当为说。"

韦公曰:"和尚所说,可不是达摩大师宗旨乎?"师曰:"是。"公曰:"弟子闻达摩初化梁武帝[1],帝问云:'朕一生造寺度僧[2],布施设斋[3],有何功德?'达摩言:'实无功德。'弟子未达此理,愿和尚为说。"师曰:"实无功德,勿疑先圣之言。武帝心邪,不知正法,造寺度僧,布施设斋,名为求福,不可将福便为功德,功德在法身中[4],不在修福。"师又曰:"见性是功,平等是德,念念无滞,常见本性,真实妙用,名为功德。内心谦下是功,外行于礼是德。自性建立万法是功,心体离念是德。不离自性是功,应用无染是德。若觅功德法身,但依此作,是真功德。若修功德之人,心即不轻,常行普敬。心常轻人,吾我不断,即自无功。自性虚妄不实,即自无德。为吾我自大,常轻一切故。善知识,念念无间是功,心行平直是德。自修性是功,自修身是德。善知识,功德须自性内见,不是布施供养之所求也。是以福德与功德别,武帝不识真理,非我祖师有过。"

刺史又问曰:"弟子常见僧俗念阿弥陀佛,愿生西方,请和尚说,得生彼否?愿为破疑。"师言:"使君善听,慧能与说,世尊在舍卫城中,说西方引化经文,分明去此不远。若论相说里数,有十万八千,即身中十恶八邪[5],便是说远。说远为其下根,说近为其上智。人有两种,法无两般。迷悟有殊,见有迟疾。迷人念佛求生于彼,悟人自净其心。所以佛言:'随其心净,即佛土净。'使君东方人,但心净即无罪;虽西方人,心不净亦有愆。东方人造罪,念佛求生西方,西方人造罪,念佛求生何国?凡愚不了自性，不识身中净土，愿东愿西，悟人在处一般，所以佛言，随所住处恒安乐。使君心地但无不善，西方去此不遥；若怀不善之心，念佛往生难到。今劝善知识，先除十恶，即行十万，后除八邪，乃过八千，念念见性，常行平直，到如弹指，便睹弥陀。使君但行十善，何须更愿往生？不断十恶之心，何佛即来迎请？若悟无生顿法，见西方只在刹那，不悟念佛求生，路遥如何得达。慧能与诸人移西方于刹那间，目前便见，各愿见否？"众皆顶礼云："若此处见，何须更愿往生，愿和尚慈悲，便现西方，普令得见。"

[1]梁武帝：南朝梁开国皇帝萧衍，笃信佛教，曾三次舍身同泰寺。
[2]度僧：帮助佛教信徒正式出家为僧。
[3]布施：这里指向寺庙施舍财物等。
[4]法身：佛的真身。性宗和相宗的具体解释有所不同。
[5]十恶八邪：十恶指杀生、偷盗、邪淫、贪心、嗔心、痴心、绮言（花言巧语或风流话）、妄言、恶口（恶毒语言）、两舌（挑拨是非）。八邪指邪语、邪见、邪思、邪业、邪命、邪精进、邪念、邪定。

一天，韦刺史为慧能大师准备了聚餐法会，吃完了斋饭，刺史请大师升上座坐好，自己和官僚、学士及百姓庄重地向大师行礼，然后叩问："弟子听了和尚您讲解佛法，感到实在奥妙得不可思议，但还有一些疑问，希望您发大慈悲再给解说一下。"大师说："有疑惑就问吧，我应当给你解说。"

韦公说："和尚您说的，是不是达摩大师的宗旨呢？"大师说："是。"韦公说："弟子听说达摩开始度化梁武帝时，梁武帝问道：'我一辈子都在建造寺庙，剃度僧人出家，施舍财物，布施斋饭，这些善行有什么功德呢？'达摩说：'其实并没有功德。'弟子还没有明白这里面的道理，希望和尚给解说一下。"大师说："的确没有功德，不要怀疑先辈圣人的话。武帝心怀杂念，不懂真正的佛法，建造寺庙，剃度僧人，布施财物，施舍斋饭，这只能叫希求福报，不能把追求福报当作功德，功德存在于法身中，不在于表面的行善事以求福报。"大师又说："认识到自己有佛性是功，平等待人接物是德，每一个心念都没有滞碍，总是能认识自己的本性，予以巧妙地运用，这叫功德。内心谦虚是功，外在的行为有礼是德。凭自己的本性成就万种佛法是功，自心本体离弃妄念是德。不离开自己本有的佛性是功，在运用时不受外界污染是德。如果想要得到功德法身，只要根据这样的原则去作，那就是真正的功德。如果是想修功德的人，心里从来不轻视别人，经常采取尊重别人的态度。如果心里总是轻视别人，自我的念头就难以断绝，就没有功。自己的本性虚妄不实，就没有德。这是妄自尊大，老是轻视一切的结果。善知识们，每一个念头都不离开佛性是功，心思行为公平正直是德。自己修行佛性是功，自己修行法身是德。善知识们，功德要从自己的本性中发现，不是靠布施财物供养佛像能求得到的。这就是求福报与功德的区别，武帝不能认识真理，并不是我的祖师说错了。"

刺史又问："弟子经常见僧人和俗家信众们口念阿弥陀佛，希望来生能托生到西方极乐世界，请教和尚，真的能托生到那儿吗？请您解除我的疑惑。"大师说："使君请听，慧能给你讲，当世尊在舍卫城的时候，就讲说过引渡众生往生西方净土的经文，经文里说得清楚，西方离这儿并不远。但如果一般地计算里程，那就有十万八千里那么远，这是指众生身上的十恶八邪，因此说远。说远是针对根性低下的人，说近是针对智慧高明的人。人可分为两种，但佛法并没有两样。人或执迷或觉悟有分别，所以认识也就有迟钝和快捷的不同。执迷的人靠口里念诵佛号希望来生能在西方，觉悟的人则重视让自己的心灵洁净。所以佛这样说：'只要心念纯洁了，也就是到了清净的佛土了。'使君你是东方人，但只要你心灵纯洁，就没有罪过；即使是西方净土的人，心灵不纯洁也会有罪过。东方人造作下罪孽，想通过念诵佛号以托生西方，那么西方人造作下罪孽，他念佛号又希望托生到什么国土呢？凡夫愚众不了悟自己的本性，不认识自己身中的净土，只是想东方想西方，而觉悟了的人无论在什么地方都能得到净土，所以佛说随便在哪里都能获得安乐。使君你只要心里没有不善的念头，西方离这儿并不遥远；如果有不善的心思，想靠念诵佛号投生极乐世界那是难以实现的。现在我奉劝各位善知识，先除掉自己身上的十恶，那就已经走过十万里了，再除掉八邪，那就又走了八千里，每一个念头都能认识自己的佛性，保持行为公平正直，那么到达西方极乐世界只是弹指一挥间的事，立刻就能见到阿弥陀佛。使君只要修行十善，又何须乞愿投生西方？如果不能断除十恶之心，又有哪一位佛会来迎请你呢？如果觉悟了'无生无灭'的顿教佛法，看见西方净土就在一刹那间，如果不能觉悟道理，想靠念诵佛号以求托生西方，那路途遥远得很，怎么能到达！慧能可以给大家把西方在刹那间移来，目前就能看见，大家愿意见吗？"众人都礼拜说："如果能在这儿就看见西方净土，又何须乞愿来世投生，请求和尚大发慈悲，就把西方显现在眼前，让我们都看一看。"

原文

师言："大众，世人自色身是城[1]，眼耳鼻舌是门，外有五门，内有意门。心是地，性是王，王居心地上，性在王在，性去王无。性在身心存，性去身心坏。佛向性中作，莫向身外求。自性迷即是众生，自性觉即是佛，

慈悲即是观音[2],喜舍名为势至[3],能净即释迦,平直即弥陀[4]。人我是须弥,邪心是海水,烦恼是波浪,毒害是恶龙,虚妄是鬼神,尘劳是鱼鳖,贪瞋是地狱,愚痴是畜生。善知识,常行十善[5],天堂便至;除人我,须弥倒;去邪心,海水竭;烦恼无,波浪灭;毒害忘,鱼龙绝。自心地上觉性如来,放大光明。外照六门清净,能破六欲诸天[6],自性内照,三毒即除,地狱等罪,一时消灭。内外明彻,不异西方。不作此修,如何到彼?"

大众闻说,了然见性,悉皆礼拜,俱叹善哉!唱言:"普愿法界众生,闻者一时悟解。"师言:"善知识,若欲修行,在家亦得,不由在寺。在家能行,如东方人心善;在寺不修,如西方人心恶。但心清净,即是自性西方。"

韦公又问:"在家如何修行,愿为教授。"师言:"吾与大众说无相颂,但依此修,常与吾同处无别。若不作此修,剃发出家,于道何益!颂曰:

　　心平何劳持戒?行直何用修禅?
　　恩则孝养父母,义则上下相怜。
　　让则尊卑和睦,忍则众恶无喧。
　　若能钻木取火[7],淤泥定生红莲。
　　苦口的是良药,逆耳必是忠言。
　　改过必生智慧,护短心内非贤。
　　日用常行饶益[8],成道非由施钱。
　　菩提只向心觅,何劳向外求玄?
　　听说依此修行,天堂只在目前。"

师复曰:"善知识,总须依偈修行,见取自性,直成佛道。法不相待,众人且散,吾归曹溪。众若有疑,却来相问。"时刺史官僚,在会善男信女,各得开悟,信受奉行。

[1]色身:指人的肉体,佛教认为是由地、水、火、风四种要素(色法)组成。

[2]观音:唐朝避太宗李世民的名讳,因此称观世音为观音。著名的大慈大悲菩萨,众生遇难时念诵观世音名讳,菩萨就"观"音施救,其名来源于此。他是阿弥陀佛的左胁侍,右胁侍即大势至菩萨,合称"西方三圣"。观音又是中国四大菩萨之首,由于《西游记》等小说戏曲的影响,民间塑像多为女身。

[3] 势至：势至即大势至菩萨，他能以智慧之光普照一切，让地狱、饿鬼和畜牲三恶道中的众生都"得无上力"，故名"大势至"。

[4] 弥陀：梵语音译，意译为无量寿、无量光，大乘佛教称如来佛之名。

[5] 十善：不杀生、不偷盗、不邪淫、不生贪心、不生嗔心、不抱邪见、不说绮语、不说妄语、不说粗口、不两舌。

[6] 六欲诸天：欲界的六重天、四大天王。

[7] 钻木取火：传说远古时人发明的取火方法，这里比喻通过修行而见佛性。

[8] 饶益：有利于别人的言行活动。

大师说："世人自己的色身就是一座有门的城池，眼、耳、鼻、舌也是门，这是外边的五个门，里边还有一个门，就是意。心是土地，本性是国王，国王居住在心的土地上，本性在国王就在，本性离去国王也就没有了。本性在，身体和精神就存在，本性离去了，身体和精神也就毁坏了。佛就在本性里产生，不要向身体外面去追求。自己的本性迷惑那你就是俗人，自己的本性觉悟那你就是佛，慈悲为怀你就是观音菩萨，乐善好施那你就是大势至菩萨，心灵纯净你就是释迦牟尼佛，公平正直你就是阿弥陀佛。计较人与我的利害就出来须弥山，产生邪恶之心念就是海水滔滔，有烦恼就是波浪汹涌，有毒害之心意就是恶龙伤身，满心虚妄之见就出来鬼神作祟，追逐红尘名利就有鱼鳖横行，贪婪嗔怒就是地狱，愚昧痴迷就是畜牲。善知识们，经常实行十善，天堂就到眼前；去除人与我的利害计较，须弥山就立刻倒塌；去掉了邪恶之心念，滔滔海水就立刻干枯；烦恼没有了，波浪就止息了；毒害之心意忘却了，作怪的鱼鳖蛟龙也就绝迹了。从自己的心地上觉悟佛性接近如来，就会放射出本性的智慧大光明。这种光明对外照得六门清净，把六欲诸天都破除了。自己的本性被光明向内照耀，贪、嗔、痴三毒也就立刻被去除了，入地狱的罪孽也在瞬间被消灭了。达到这样内和外都光明透彻的境界，和西方净土毫无差别。如果不这样修行，又怎么能到达西方极乐世界呢？"

大家听了大师如此讲解，都清楚地认识了自己的佛性，一起向大师礼拜，感叹叫好，齐声赞美："但愿法界众生，凡听到大师讲解的都能立刻觉悟。"大师又说："善知识们，如果真要修行，在家修行也行，不一定非要出家到寺庙里来。在家里能修行，就像东方人心地向善；在寺庙里不修行，就像西方人心地向恶。只要心底洁净了，就已经达到了自己本性中的西方净土。"

韦公又问："在家里怎样修行呢？希望您再给予教导。"大师说："我给大家念一首《无相颂》的偈语，只要根据这里面说的修行，就像和我在一起一样。如果不照此修行，即使剃了头发出了家，对于佛道又有什么益处呢！颂说：

心平何劳持戒？行直何用修禅？
恩则孝养父母，义则上下相怜。
让则尊卑和睦，忍则众恶无喧。
若能钻木取火，淤泥定生红莲。
苦口的是良药，逆耳必是忠言。
改过必生智慧，护短心内非贤。
日用常行饶益，成道非由施钱。
菩提只向心觅，何劳向外求玄？
听说依此修行，天堂只在目前。"

　　大师又说："善知识们，大家一定要按照这篇偈语来修行，认识自己的本性，就可以直接成就佛道。修佛法是不能迟延的，大家先散会归去吧，我也要回曹溪了。大家如果还有什么疑惑，再来问我吧。"当时，韦刺史，各位官僚，参加聚会的善男信女们，各自都获得开悟，信仰，接受，照偈语去修行。

◎ 定慧品第四

【题解】

慧能在本章向信众讲论定与慧的关系,定是慧的体,慧是定的用,定慧一体,落实到日常活动中就是心口俱善。

【原文】

师示众云:"善知识,我此法门,以定慧为本,大众勿迷,言定慧别。定慧一体,不是二。定是慧体,慧是定用。即慧之时定在慧,即定之时慧在定。若识此义,即是定慧等学。诸学道人,莫言先定发慧,先慧发定,各别。作此见者,法有二相。口说善语,心中不善,空有定慧,定慧不等。若心口俱善,内外一如,定慧即等。自悟修行,不在于诤,若诤先后,即同迷人。不断胜负,却增我法,不离四相。善知识,定慧犹如何等?犹如灯光,有灯即光,无灯即暗,灯是光之体,光是灯之用,名虽有二,体本同一。此定慧法,亦复如是。"

师示众云:"善知识,一行三昧者,于一切处行住坐卧,常行一直心是也。《净名经》云:'直心是道场,直心是净土。'莫心行谄曲,口但说直。口说一行三昧,不行直心。但行直心,于一切法勿有执著。迷人著法相,执一行三昧,直言常坐不动,妄不起心,即是一行三昧。作此解者,即同无情,却是障道因缘。善知识,道须通流,何以却滞,心不住法,道即通流,心若住法,名为自缚。若言常坐不动是,只如舍利弗[1],宴坐林中,却被维摩诘诃[2]。善知识,又有人教坐,看心观静,不动不起,从此置功。迷人不会,便执成颠。如此者众,如是相教,故知大错。"

师示众云:"善知识,本来正教,无有顿渐。人性自有利钝,迷人渐修,悟人顿契。自识本心,自见本性,即无差别,所以立顿渐之假名。善知识,我此法门,从上以来,先立无念为宗,无相为体,无住为本。无相者,于相而离相;无念者,于念而无念;无住者,人之本性,于世间善恶好丑,乃至冤之与亲,言语触刺欺争之时,并将为空,不思酬害。念念之中,不思前境。若前念今念后念,念念相续不断,名为系缚。于诸法上,念念不住,即无缚也。此是以无住为本。善知识,外离一切相,名为无相。能离于相,则法体清净,此是以无相为体。善知识,于诸境上,心不染,曰无念。于自念上,常离诸境,不于境上生心。若只百物不思,念尽除却,一念绝即死,别处受生,是为大错。学道者思之,若不识法意,自错犹可,更劝他人,自迷不见,又谤《佛经》,所以立无念为宗。善知识,云何立无念为宗?只缘口说见性迷人,于境上有念,念上便起邪见,一切尘劳妄想,从此而生。自性本无一法可得。若有所得,妄说祸福,即是尘劳邪见。故此法门立无念为宗。善知识,无者无何事,念者念何物?无者无二相,无诸尘劳之心;念者念真如本性,真如即是念之体,念即是真如之用。真如自性起念,非眼耳鼻舌能念。真如有性,所以起念。真如若无,眼耳色声当时即坏。善知识,真如自性起念,六根虽有见闻觉知,不染万境,而真性常自在。故经云:能善分别诸法相,于第一义而不动。"

[1]舍利弗:即舍利弗多罗,释迦牟尼的大弟子,称智慧第一。

[2]维摩诘:梵语音译人名,与释迦牟尼同时代的大乘居士,佛法高明,能言善辩。

慧能大师指示大众说:"善知识们,我的这个法门,是以定和慧为根本宗旨,但大家不要迷惑,说定和慧是有区别的。定和慧其实是一体,不是两样。定是慧的本体,慧是定的应用。产生智慧时禅定就在智慧里面,入禅定时智慧就在禅定当中。如果能认识到这个道理,那就是定和慧融为一体的学问。各位修学佛道的人,不要说先入禅定然后才产生智慧,或者先产生了智慧然后才入禅定,认为两者各是各。持有这样见解的人,就是以为佛法有两种。嘴里说要行善,心中却没有善念,那就是空有定和慧的虚名,将定和慧看作不是一回事了。如果心里想的和嘴上说的都是善,内外一致,定和慧就是一回事。自己觉悟修行,不需要和人争辩,如果争辩先后胜负,那就和迷惑的人一样。如果不能斩断争执胜负的心思,那就增加了我执和法执,就没有脱离生、住、异、灭的四相。善知识们,定和慧像什么呢?就像灯光,有灯就有光,没有灯就黑暗,灯是光的本体,光是灯的作用,名称虽然有两个,本体是同一个。定和慧的法则,也是这样。"

慧能大师指示大众:"善知识们,一行三昧的意思,就是无论走、停、坐还是卧,都要修行一个正直的心思。《净名经》上说:'正直的心就是道场,正直的心就是净土。'不要心里想着干谄媚曲邪的事,嘴里却说着正直的门面话。嘴里说着一行三昧，却并不以正直的心思修行。应该以正直的心思来修行，对一切佛法都不要偏执。迷惑的人执著于法相，执著于一行三昧的表面，只是说要常常静坐不动，就能不生邪念妄想，说这就是一行三昧。这样解释佛道，就等同于没有感情的死物品，这是修行佛道受到障碍的原因。善知识们，佛道应该是畅通流动的，怎么却会停滞呢？心思如果不执著于法相，佛道就会畅通流动，心思如果执著于法相，那就叫自我束缚。如果说只要久坐不动就能得道，那就像舍利弗在树林中枯坐，却被维摩诘所斥责。善知识们，还有人教别人打坐，说只要静静地内视自己的心，不要动心，不要起念，这样就能修道成功。这些迷惑的人不能理解打坐的真义，就这样执著乱行而七颠八倒。像这样的人还不少，这样来乱作指导，实在大错特错。"

大师指示大众说："善知识们，本来，正确的教化方法，并没有顿悟还是渐修的区别。人的本性有的聪明有的迟钝，迟钝的人可以采取渐修法，颖悟的人可以顿悟而与佛道相契。如果自己能认识自己的本心，自己能发现自己的本性，那就没有什么顿教和渐教的差别了，所以建立顿教或渐教的法门，只是为了方便而暂时给个名称而已。善知识们，我这个法门，从释迦佛祖传到现在，首先是把立无念作为宗旨，以无相作为本体，以无住作为根基。所谓无相，是既在相上又能离开相；所谓无念，是既有这个念头又不执著于这个念头；所谓无住，是说人的本性对于世间的善恶美丑，乃至冤家和亲友，以及言语讥讽、欺诈、争斗时，都当作空幻来对待；并不思谋报复。每一个念头里，都不要再追思过去的事情。如果既想从前又想现在还想将来，念头一个接一个持续不断，这就叫自己捆绑自己。对待诸法万相，每个念头都不停留，就无所束缚了。这就是以无住为根基的意思。善知识们，抛离一切法相，名叫无相。能抛离法相，就能使自性法体清净无染，这就是以无相为本体。善知识们，面对各种外境，心思不受干扰污染，这就叫无念。在自己的心念中，经常远离各种外境，不被任何外境触动而起心动念。如果以为只要什么东西都不思想，就会把所有的念头都除尽了，这是很错误的认识，因为一个念头绝灭了好像是死了，但念头还会在别处产生。学习佛道的人要仔细思考这个问题，如果不能认识佛法的真正意旨，自己错了还好说，再用这种错误认识劝化别人，那就不仅是自己迷惑不能认识佛性，还歪曲诽谤了《佛经》，所以要立无念为宗旨。善知识们，为什么要立无念为宗旨呢？只因为那些嘴里说认识到了佛性的愚迷之人，一遇外境就起心念，在心念上就产生各种偏邪的见解，于是一切世俗的妄想也就随之产生了。自己原有的佛性本来并不能用一种固定的方法获得。如果自以为获得了，而乱说祸福，那就是世俗偏见。所以我这个法门要立无念为宗旨。善知识们，所谓无，无什么事情呢？所谓念，又念什么东西呢？所谓无就是说没有差别二相，没有各种世俗的想法；所谓念就是念真正的如来佛性，真正的如来佛性就是念的本体，念就是真正的如来佛性的运用。真正的如来佛性从自己的本性产生心念，不是从眼、耳、鼻、舌产生的那些心念。真正有如来佛性，就能生起佛念。如果没有真正的如来佛性，眼中之色和耳中之声等立刻就变成坏东西了。善知识们，真正的如来佛性是从自己的本性中起念的，所以眼耳鼻舌身意等六根虽然有视听感觉认知等功能，却可以不被各种外境所影响污染，而保持真正的佛性常在。所以佛经上说：能够善于区分识别各种外在的法相，正由于不动心念，这就是第一要义。"

◎ 坐禅品第五

【题解】

本章是慧能向信众讲论坐禅，指出坐禅的本质是保持内心清明，不受外界干扰。

【原文】

师示众云："此门坐禅，元不看心，亦不看净，亦不是不动。若言看心，心原是妄，知心如幻，故无所看也。若言看净，人性本净，由妄念故，盖覆真如，但无妄想，性自清净，起心看净，却生净妄，妄无处所，看者是妄，净无形相，却立净相，言是工夫，作此见者，障自本性，却被净缚[1]。善知识，若修不动者，但见一切人时，不见人之是非善恶过患，即是自性不动。善知识，迷人身虽不动，开口便说他人是非长短好恶，与道违背，若看心看净，即障道也。"

师示众云："善知识，何名坐禅？此法门中，无障无碍。外于一切善恶境界心念不起，名为坐；内见自性不动，名为禅。善知识，何名禅定？外离相为禅，内不乱为定。外若著相，内心即乱；外若离相，心即不乱，本性自净自定。只为见境思境即乱，若见诸境心不乱者，是真定也。善知识，外离相即禅，内不乱即定，外禅内定，是为禅定。《菩萨戒经》云：'我本性元自清净。'善知识，于念念中，自见本性清净，自修，自行，自成佛道。"

[1]净缚：追求"净相"过分而被束缚。

大师对众人说："这个法门中的坐禅，本来就不强调返内视心，也不是观想清洁净土，更不是只枯坐着一动不动。如果说返内视心，心原本就是虚妄不实的，既然知道心乃虚妄，所以就没有什么可内视的。如果说观想清洁净土，人性本来就是清净的，只是由于产生了妄想胡念，才把真如佛性给遮蔽住，只要没有了妄想胡念，本性自然就变清净了，着意地观想净土，就产生了执著于'净土'的妄想，妄想胡念没有什么固定的生成处所，观想本身也是虚妄的，洁净本来也是无形无象的，现在却要定出一个净土的具体形象，说看到它才是真功夫，这样认识的人，那障碍就从自己的本性中产生了,反倒被所谓净土的观想所束缚住了。善知识们,如果修行坐禅不动法门,要能够看见任何人时,对他的是和非、长和短、好和坏、过失和毛病等都视而不见,这才是修到了自己的本性真正不动的境界。善知识们,迷惑的人打坐时身体虽然不动,一开口就说别人的是和非、长和短、好和坏,这是与佛道根本违背的,就像所谓返视内心、观想净土,都是产生智慧障碍的歪门邪道。"

　　大师又对众人说:"善知识们,什么叫坐禅呢?这个法门中的坐禅,是指消除了任何障碍。对外在一切或善或恶的情况境界都不产生心思念头,这就叫'坐';对内在则能体会到自己的真如佛性是永不动摇的,这才叫'禅'。善知识们,什么叫禅定呢?外在任何事相永远都不会干扰自己就叫'禅',内心永远平和不纷乱就是'定'。如果执著于外在事相,内心就会纷乱;如果能远离外在事相,内心就不纷乱,人的本性自然也就清净和安定了。只是因为执著于外在境界,内在的思想境界就跟着乱了,如果对外在一切境界都能心不纷乱,那就是真正的入了'定'了。善知识们,外在离开各种境界不受干扰就是'禅',内在保持不乱就是'定',外禅内定,就是禅定。《菩萨戒经》中说:'我的本性原初就是清净的。'善知识们,在自己产生的每一个念头中,去体会自己的本性原本的清净,自己修,自己行,那佛道自然就修成功了。"

◎忏悔品第六

题解

慧能向信众讲解忏悔,即每个人都要对自己瞬间生出的每个念头负责,永远去恶从善。

原文

时大师见广韶洎四方士庶骈集山中听法,于是升座告众曰:"来,诸善知识,此事须从自性中起,于一切时,念念自净其心,自修其行,见自己法身,见自心佛,自度自戒,始得不假到此。既从远来,一会于此,皆共有缘,今可各各胡跪[1],先为传自性五分法身香,次授无相忏悔。众胡跪。"

师曰:"一,戒香,即自心中,无非、无恶、无嫉妒、无贪嗔、无劫害,名戒香。二,定香,即睹诸善恶境相,自心不乱,名定香。三,慧香,自心无碍,常以智慧观照自性,不造诸恶,虽修众善,心不执著,敬上念下,矜恤孤贫,名慧香。四,解脱香,即自心无所攀缘[2],不思善,不思恶,自在无碍,名解脱香。五,解脱知见香,自心既无所攀缘善恶,不可沉空守寂,即须广学多闻,识自本心,达诸佛理,和光接物,无我无人,直至菩提,真性不易,名解脱知见香。善知识,此香各自内薰,莫向外觅。

"今与汝等授无相忏悔,灭三世罪,令得三业清净[3]。善知识,各随我语,一时道:弟子等,从前念今念及后念,念念不被愚迷染;从前所有恶业愚迷等罪,悉皆忏悔,愿一时销灭,永不复起。弟子等,从前念今念及后念,念念不被憍诳染,从前所有恶业憍诳等罪,悉皆忏悔,愿一时消灭,永不复起。弟子等,从前念今念及后念,念念不被嫉妒染,从前所有恶业嫉妒等罪,悉皆忏悔,愿一时消灭,永不复起。

"善知识,已上是为无相忏悔。云何名忏?云何名悔?忏者,忏其前愆。从前所有恶业,愚迷憍诳嫉妒等罪,悉皆尽忏,永不复起,是名为忏。悔者,悔其后过,从今已后,所有恶业,愚迷憍诳嫉妒等罪,今已觉悟,悉皆永断,更不复作,是名为悔。故称忏悔。凡夫愚迷,只知忏其前愆,不知悔其后过,以不悔故,前罪不灭,后过又生,前罪既不灭,后过复又生,何名忏悔?

[1]胡跪：胡指北方少数民族，胡跪即北方少数民族的跪坐方法。一般有左跪、互跪、长跪。佛教规定，比丘实行互跪（两膝交互跪地），比丘尼实行长跪（左膝着地，右足踏地）。

[2]攀缘：如猿猴攀附树枝藤蔓，比喻人的心思随外物而变化。

[3]三业：身业、口业、意业。即做的坏事，说的恶语，想的邪念。

当时，慧能大师看到广州、韶关等四面八方不少读书士子和庶民百姓，都聚集到山里来听讲佛法，就升上法座对大众说："来吧，各位善知识，修行佛法必须从认识自己的本性做起，在任何时候，在每一个念头中，都要让自己的心清洁，自己修行，明白自己的法身，认知自己心中的佛，自我超度，自觉持守戒律，这才不虚此行前来听法。既然大家都是远道而来，能够一起于此聚会，可见我们都是有缘分的，那么大家现在都右膝着地跪下，我先为你们传授自性五分法身香，然后再传授无相忏悔。众人现在都跪下。"

大师说："第一，戒香，就是自己心中没有是非，没有善恶，没有嫉妒，没有贪婪嗔怒，没有抢劫伤害之心，这就叫戒香。第二，定香，就是看到各种善境恶事的相状，自己能保持心不乱，这就叫定香。第三，慧香，自己的心中自由通达而没有阻滞，经常用智慧观照自己的本性，不做各种恶行，虽然做了许多善事，但心中并不执著自得，仍然尊敬长辈，关心晚辈，体恤孤独和贫穷的人，这就叫慧香。第四，解脱香，就是自己的心并不追逐什么，既不想善，也不想恶，总是自由自在而没有障碍，这就叫解脱香。第五，解脱知见香，自己既不追逐分辨善恶，又不可以沉溺空虚耽爱寂寞，而必须多多学习，扩大见闻，认识自己的本心，通晓各种佛理，与世俗和睦相处，不把自己和别人的区别放在心上，直接达到菩提境界，真实的本性一点都不改变，这就叫解脱知见香。善知识们，这些香都要各自在自己内心熏染，不要到外面去寻求。

"现在再给你们传授无相忏悔，除灭你们过去、现在、未来三世的罪孽，让你们的身、口、意三业都得到清净。善知识们，每人都要跟着我说，一起说：弟子等人，从前的念头，现在的念头，以及今后的念头，每一个念头都不要被愚蠢所污染；从前所有作恶造下的孽和愚蠢痴迷等罪孽，都一起忏悔，希望立刻消灭，并永远不会再发生。弟子等人，从前的念头，现在的念头，以后的念头，每一个念头都不要被骄傲狂妄所污染，以前所犯的骄傲狂妄等罪孽，全部忏悔，但愿马上消灭，永不再有。弟子等人，从前的念头，现在的念头，还有今后的念头，每一个念头都不要被嫉妒之心污染，过去犯下的所有嫉妒等罪孽，也全都忏悔，但愿即刻消灭，永远不再产生。

"善知识们，以上就是无相忏悔。什么是忏？什么叫悔？所谓忏，就是反省以前的过错。从前所有犯下的恶业，愚蠢痴迷骄傲狂妄嫉妒等罪过，全部反省，永远不再产生，这就叫忏。所谓悔，是警惕以后可能犯的错误，从今以后可能犯的所有恶业，愚蠢痴迷骄傲狂妄嫉妒等罪过，现在已经觉悟了，全部永远斩断，再不会犯，这就叫悔。所以叫忏悔。凡俗的人，只知道反省以前犯的过错，却不知道警惕今后可能犯的过错，由于不知警惕后来，以致以前的罪孽没有被消火，以后的过失又发生了，前边的罪孽不能消除，后边的过失又产生了，还说什么忏悔呢？

原文

"善知识，既忏悔已，与善知识发四弘誓愿[1]，各须用心正听：自心众生无边誓愿度，自心烦恼无边誓愿断，自性法门无尽誓愿学，自性无上佛道誓愿成。善知识，大家岂不道众生无边誓愿度，恁么道，且不是慧能度。善知识，心中众生，所谓邪迷心、诳妄心、不善心、嫉妒心、恶毒心如是等心，尽是众生，各须自性自度，是名真度。何名自性自度？即自心中邪见烦恼愚痴众生，将正见度。既有正见，使般若智打破愚痴迷妄众生，各各自度。邪来正度，迷来悟度，愚来智度，恶来善度，如是度者，名为真度。又烦恼无边誓愿断，将自性般若智除却虚妄思想心是也。又法门无尽誓愿学，须自见性，常行正法，是名真学。又无上佛道誓愿成，既常能下心，行于真正，离迷离觉，常生般若，除真除妄，即见佛性，即言下佛道成。常念修行是愿力法。

"善知识今发四弘愿了，更与善知识授无相三归依戒。善知识，归依觉，两足尊[2]；归依正，离欲尊；归依净，众中尊。从今日去，称觉为师，更不归依邪魔外道，以自性三宝常自证明。劝善知识，归依自性三宝。佛者，觉也；法者，正也；僧者，净也。自心归依觉，邪迷不生。少欲知足，能离财色，名两足尊。自心归依正，念念无邪见，以无邪见故，即无人我贡高贪爱执著，名离欲尊。自心归依净，一切尘劳爱欲境界，自性皆不染著，名众中尊。若修此行，是自归依。凡夫不会，从日至夜，受三归戒，若言归依佛，佛在何处？若不见佛，凭何所归？言却成妄。善知识，各自观察，莫错用心，经文分明言自归依佛，不言归依他佛，自佛不归，无所依处。今既自悟，各须归依自心三宝，内调心性，外敬他人，是自归依也。

"善知识，既归依自三宝竟，各各志心。吾与说一体三身自性佛，令汝等见三身，了然自悟自性。总随我道：于自色身归依清净法身佛，于自色身归依圆满报身佛,于自色身归依千百亿化身佛。善知识,色身是舍宅,不可言归,向者三身佛,在自性中。世人总有,为自心迷,不见内性,外觅三身如来,不见自身中有三身佛。汝等听说,令汝等于自身中见自性有三身佛。此三身佛,从自性生,不从外得。

"何名清净法身佛?世人性本清净,万法从自性生,思量一切恶事,即生恶行;思量一切善事,即生善行。如是诸法在自性中,如天常清,日月常明。为浮云盖覆,上明下暗,忽遇风吹云散,上下俱明,万象皆现,世人性常浮游,如彼天云。善知识,智如日,慧如月,智慧常明,于外著境,被自念浮云盖覆自性,不得明朗,若遇善知识,闻真正法,自除迷妄,内外明彻,于自性中万法皆现,见性之人,亦复如是,此名清净法身佛。

善知识,自心归依自性,是归依真佛。自归依者,除却自性中不善心、嫉妒心、谄曲心、吾我心、诳妄心、轻人心、慢他心、邪见心、贡高心,及一切时中不善之行,常自见己过,不说他人好恶,是自归依。常须下心,普行恭敬,即是见性通达,更无滞碍,是自归依。

[1]四弘誓愿:大乘佛教中菩萨为拯救众生出苦海,立下四个誓言和愿望。这里指禅宗的明心见性。
[2]两足尊:对佛的尊称,意为佛在两足、多足、无足之中最尊,而两足为贵。

"善知识们,无相忏悔讲过了,再向各位善知识发四弘誓愿,大家要用心听:自己心中的无数众生我要发誓超度,自己心中的无边烦恼我要发誓断绝,自己本性中的无尽法门我要发誓学习,自己本性中的无上佛道我要发誓修成。各位善知识,大家不都说无边的众生自己要发誓超度吗?这么说,就不是慧能去超度。善知识们,所谓心中的众生,就是邪迷之心、狂妄之心、不善之心、嫉妒之心、恶毒之心,像这样等等的心思,都是众生,必须各人靠自己的本性自我超度,这才是真正的超度。什么叫靠自己的本性自我超度呢?就是自己心中偏见、烦恼、愚痴的众生,用正确的见识来超度。既然有了正确的见识,就用般若智慧来打破愚痴迷妄的众生,各人超度各人自己。邪念来了就用正见超度,迷惑来了就用觉悟超度,愚蠢来了就用智慧超度,恶念来了就用善念超度,像这样超度,就叫真正的超度。再说无边的烦恼要发誓断绝,是指用自己本性中的般若智慧除掉虚妄的念头想法。无尽法门要发誓学习,那必须自己明白了悟自己的本性,经常按照正确的佛法行动,这才叫真正的学习。无上的佛道发誓要修成,就必须经常虚心体会,按照真正的佛法行动,不要刻意偏执地追求所谓觉悟，就能使般若智慧经常产生，不偏执于真，也不偏执于妄，这样就可以见到佛性了，就可以很快成就佛道了。大家要永远记住修行四弘誓愿的有效方法。

"善知识们，现在已经发过四弘誓愿了，再给各位善知识传授无相三归依戒。善知识们，归依觉悟，就能'两足尊'；归依正法，就能'离欲尊'；归依净土，就能'众中尊'。从今天开始，就要把觉悟当作老师，再不要归依各种邪魔外道，要以自己本性中的佛、法、僧三宝来自证自悟。奉劝各位善知识，要归依自己本性中的三宝。佛，就是觉悟；法，就是正道；僧就是净土。自己的心归依了觉悟，邪迷之见就不产生了。因为不再有邪迷之见，就减少了尘俗的欲望而能知足，就能远离金钱美色的引诱，这就叫'两足尊'。自己的心归依了正道，每一个念头都不再有邪见，因为不再有邪见，就不再有别人和自我的区分意识，不再有骄傲、贪恋、爱恋、执著，这就叫'离欲尊'。自己的心归依了净土，所有的凡俗牵累和爱欲的境界，都不会再对自己的本性发生污染，这就叫'众中尊'。能够这样修行，就是自然归依。凡俗人不理解这一点，从早到晚，都在形式上接受三归的戒律，却不明白说归依佛，佛在哪儿？如果不知道佛在哪儿，又凭什么归依呢？这样说归依佛就成了说谎话。各位善知识，要各人自己观察，不要错用了心思，经文上说得很清楚，要归依自己本性中的佛，没有说要归依别的佛，不归依自己本性中的佛，那就没有找到归依之处。现在既然已经自己觉悟了，各人要归依自己内心的三宝，在内调理自己的心性，在外尊敬别人，这就是自然归依。

"善知识们，讲完了归依自己的三宝，各人都要牢记在心。我再给大家说一体三身自性佛，让你们见到三身佛，了解自我觉悟自己的本性。现在跟着我说：以自己的色身归依清净法身之佛，以自己的色身归依圆满报身之佛，以自己的色身归依千百亿化身之佛。各位善知识，色身就像房屋，不能说归向房屋，向来的三身佛，都在自己的本性之中。每一个世人都有这三身佛，只是因为自己心被迷惑，不能认识自己内在的本性，却向外面去寻觅三身如来佛，看不见自己身中就有三身佛。你们听着，让你们在自身当中见到自己本性中原有的三身佛。这三身佛，是从自己的本性产生的，不是从外边寻找得到的。

"什么叫清净法身佛呢？世人的本性原来就是清净的，万种佛法都从自己的本性中产生，但思想意念那些恶事，就会产生邪恶的行为；思想意念那些善事，就会产生善良的行为。像这样各种佛法出现在自己的本性中，好似天空本是清明的，太阳和月亮本是照耀着，只是因为浮云的遮盖，变得上边明亮而下边阴暗，忽然遇上风吹来云散了，上边和下边又都变明亮了，天地万象又都显现出来了，但世人的本性经常浮游不定，就像那天上的云。各位善知识，智就像太阳，慧就像月亮，智慧总是照明着。如果执著于外在的境界，就会有妄念像浮云一样遮蔽自己的本性，不得明朗，如果遇上了善知识，听他讲真正的佛法，自己除掉迷妄，内和外都变得光明透彻，这样在自己的本性中万种佛法都会呈现，认识了自己本性的人也会如此，这就叫清净法身佛。

"善知识们，自己的心归依了自己的本性，就是归依了真正的佛。所谓自我归依，就是除掉自己本性中的不善心、嫉妒心、谄曲心、自大心、轻蔑心、傲慢心、邪见心、骄狂心，以及在任何时候产生的不良行为，能经常自我反省错误，而不说别人的好坏，这就是归依自己的本性。经常有体恤别人的心，对所有的人都谦恭有礼，这就能认识自己的本性而通达流畅，一点没有阻滞妨碍，就实现了自我归依。

"何名圆满报身？譬如一灯能除千年暗，一智能灭万年愚。莫思向前，已过不可得，常思于后，念念圆明，自见本性。善恶虽殊，本性无二。无二之性，名为实性，于实性中，不染善恶，此名圆满报身佛。自性起一念恶，灭万劫善因。自性起一念善，得恒沙恶尽，直至无上菩提。念念自见，不失本念，名为报身。

"何名千百亿化身，若不思万法，性本如空。一念思量，名为变化，思量恶事，化为地狱；思量善事，化为天堂。毒害化为龙蛇，慈悲化为菩萨，智慧化为上界，愚痴化为下方。自性变化甚多，迷人不能省觉，念念起恶，常行恶道。回一念善，智慧即生。此名自性化身佛。

"善知识，法身本具，念念自性自见，即是报身佛。从报身思量，即是化身佛，自悟自修自性功德，是真归依。皮肉是色身，色身是宅舍，不言归依也。但悟自性三身，即识自性佛。吾有一《无相颂》，若能诵持，言下令汝积劫迷罪，一时消灭。颂曰：

　　迷人修福不修道，只言修福便是道。
　　布施供养福无边，心中三恶元来造。
　　拟将修福欲灭罪，后世得福罪还在。
　　但向心中除罪缘，各自性中真忏悔。
　　忽悟大乘真忏悔，除邪行正即无罪。
　　学道常于自性观，即与诸佛同一类。
　　吾祖唯传此顿法，普愿见性同一体。

若欲当来觅法身,离诸法相心中洗。
努力自见莫悠悠,后念忽绝一世休。
若悟大乘得见性,虔恭合掌至心求。"

师言:"善知识,总须诵取,依此修行,言下见性,虽去吾千里,如常在吾边。于此言下不悟,即对面千里,何勤远来,珍重好去。"一众闻法,靡不开悟,欢喜奉行。

"什么叫圆满报身?就像一盏灯能够除去千年的黑暗,一点智慧能够消灭万年的愚昧。不要总是想以前的事,已经过去了的就不能再得到了。要经常想以后的事,让每一个念头都圆满和融,通达明亮,这就能自我认识自己的本性。善和恶虽然很不相同,人的本性却没有两样。这种没有区别的本性,叫真实的本性(也就是如来佛性),在这种真实的本性中,不会沾染善,也不会沾染恶,这就叫圆满报身佛。自己的本性中只要产生一个坏念头,就消灭了历万劫而来的善因。如果在本性中产生了一个好念头,就能让恒河沙那样多的恶业除尽,直到获得无上的觉悟。每一个念头中都能认识自己的本性,不失掉本来的善念,这就叫圆满报身佛。

"什么叫千百亿化身?如果什么都不思想,人的本性本来像虚空一样。只要产生了一个念头的思想,就叫变化,想坏事,就变为地狱;想善事,就变为天堂。想恶毒伤害就会变成凶恶的龙和蛇,想慈善悲悯就会变成救苦的菩萨,想智慧就会变成上界,想愚蠢就会变成下界。自我的本性变化很多,迷惑之人不能反省察觉,每一个念头都会产生恶的意向,就会常做坏事。如果幡然改想一个善念头,智慧就立刻产生。这就叫自性化身佛。

"善知识们,人本来具有佛法之身,因此在每一个念头中都能认识自己的本性,这就是报身佛。从报身佛的角度考虑,就是化身佛,自己觉悟自己修行,积累自己本性的功德,就是真正的归依。皮和肉构成人的色身,色身就像房屋一般,并不是归依。只要能觉悟自己本性中的三身佛,就是认识了自己本性中真正的佛。我有一篇《无相颂》,如果能诵读修行,就能让你积累下的劫数迷惑罪孽立刻消除。颂说:

迷人修福不修道,只言修福便是道。
布施供养福无边,心中三恶元来造。
拟将修福欲灭罪,后世得福罪还在。
但向心中除罪缘,各自性中真忏悔。

忽悟大乘真忏悔，除邪行正即无罪。
学道常于自性观，即与诸佛同一类。
吾祖唯传此顿法，普愿见性同一体。
若欲当来觅法身，离诸法相心中洗。
努力自见莫悠悠，后念忽绝一世休。
若悟大乘得见性，虔恭合掌至心求。"

慧能大师说："善知识们，大家都要诵读理解这篇偈语，按照它来修行，就能在念诵中认识自己的本性，这样的话，即使和我相距千里之遥，也像常在我身边一样。如果诵读它仍然不能觉悟，那么就是面对面，也和相距千里远一样，又何必辛劳地远道而来听我说法呢。大家各自珍重回去好自为之吧。"大家听了慧能大师讲说佛法后，没有不豁然开朗的，都欢欢喜喜，遵嘱修行。

◎ 机缘品第七

题解

本章记述慧能点化追求觉悟而尚有滞碍的僧众，是一段一段的小故事。机缘就是指慧能与众僧的机会因缘。

原文

师自黄梅得法，回至韶州曹侯村，人无知者。时有儒士刘志略，礼遇甚厚。志略有姑为尼，名无尽藏，常诵《大涅槃经》。师暂听即知妙义，遂为解说。尼乃执卷问字，师曰："字即不识，义即请问。"尼曰："字尚不识，焉能会义？"师曰："诸佛妙理，非关文字。"尼惊异之，遍告里中耆德云，此是有道之士，宜请供养。有魏武侯玄孙曹叔良及居民，竞来瞻礼。时宝林古寺自隋末兵火已废，遂于故基重建梵宇，延师居之，俄成宝坊。

师住九月馀日，又为恶党寻逐，师乃遁于前山，被其纵火焚草木，师隐身挨入石中得免。石今有师趺坐膝痕，及衣布之纹，因名避难石。师忆五祖怀会止藏之嘱，遂行隐于二邑焉。

僧法海，韶州曲江人也，初参祖师。问曰："即心即佛，愿垂指谕。"师曰："前念不生即心，后念不灭即佛；成一切相即心，离一切相即佛。吾若具说，穷劫不尽。听吾偈曰：

　　即心名慧，即佛乃定。
　　定慧等持，意中清净。
　　悟此法门，由汝习性。
　　用本无生，双修是正。"

法海言下大悟，以偈赞曰：

　　"即心元是佛，不悟而自屈。
　　　我知定慧因，双修离诸物。"

译文

慧能大师从黄梅县五祖弘忍处得到佛法真传后,回到韶州曹侯村,当地没有人知道他的来历真相。当时有一个儒士叫刘志略,对大师十分尊敬,礼遇周到。刘志略有一个姑妈是尼姑,法名叫无尽藏,经常念诵《大涅槃经》。大师偶然听了她念诵,就对经文的妙谛真义了解得很透彻,于是给无尽藏作解说。老尼姑拿上经卷向大师请教具体文字,大师回答说:"字我不认识,要是义理有问题我能回答。"老尼姑说:"字还不认得,怎么能理解义理呢?"大师说:"各种佛法的妙谛真义和文字没有关系。"老尼姑感到很惊奇,到处告诉村里德高望重的长老们,说这个人可是一位有道高僧,应该礼遇供养。村中有一个魏武侯曹操的玄孙叫曹叔良的,还有其他一些村民,都很踊跃地前来拜见。当时村里的宝林古寺自从隋朝末年遭遇兵火后已经废弃,村里人就在废庙的旧址上重新修建了一座佛庙,请大师居住,这里很快就成了弘扬佛法的宝坊圣地。

大师在庙里住了九个月,又被抢夺传法衣钵的恶僧党羽追寻迫害,大师就躲到前面的山里去,恶人们放火焚烧山上的草木,大师藏到一块山石后面才得以幸免。至今石头上还有大师趺坐的膝盖痕迹和衣服的褶纹,人们将这块石头叫做避难石。大师想起五祖"逢怀则止,遇会则藏"的嘱咐,就又去怀集和四会一带隐居。

僧人法海,韶州曲江人,是最早参拜六祖大师的。他问大师:"什么是'即心即佛'呢?希望能得到您指点教导。"大师回答说:"前一个念头不苦苦执著就是心,后一个念头也不执著非要消除就是佛;心中想一切色相就是心,不想任何色相就是佛。我要是具体解说,永远难以说完。听我念这首偈语:

　　即心名慧,即佛乃定。
　　定慧等持,意中清净。
　　悟此法门,由汝习性。
　　用本无生,双修是正。"

法海听了立刻觉悟,也念了一首偈语回敬赞颂:

"即心原是佛,不悟而自屈。
　我知定慧因,双修离诸物。"

僧法达,洪州人,七岁出家,常诵《法华经》。来礼祖师,头不至地。祖诃曰:"礼不投地,何如不礼。汝心中必有一物。蕴习何事耶?"曰:"念《法华经》已及三千部。"祖曰:"汝若念至万部,得其经意,不以为胜,则与吾偕行,汝今负此事业,都不知过,听吾偈曰:

礼本折慢幢,头奚不至地?
有我罪即生,亡功福无比。"

师又曰:"汝名什么?"曰:"法达。"师曰:"汝名法达,何曾达法?"复说偈曰:

"汝今名法达,勤诵未休歇。
空诵但循声,明心号菩萨。
汝今有缘故,吾今为汝说。
但信佛无言,莲花从口发。"

达闻偈,悔谢曰:"而今而后,当谦恭一切,弟子诵《法华经》,未解经义,心常有疑,和尚智慧广大,愿略说经中义理。"

师曰:"法达,法即甚达,汝心不达,经本无疑,汝心自疑。汝念此经,以何为宗?"达曰:"学人根性暗钝,从来但依文诵念,岂知宗趣?"师曰:"吾不识文字,汝试取经诵一遍,吾当为汝解说。"法达即高声念经,至《譬喻品》,师曰:"止。此经元来以因缘出世为宗,纵说多种譬喻,亦无越于此。何者因缘?经云:诸佛世尊,唯以一大事因缘故出现于世。一大事者,佛之知见也。世人外迷著相,内迷著空,若能于相离相,于空离空,即是内外不迷。若悟此法,一念心开,是为开佛知见。佛,犹觉也,分为四门:开觉知见,示觉知见,悟觉知见,入觉知见。若闻开示,便能悟入,即觉知见,本来真性而得出现。汝慎勿错解经意,见他道开示悟入,自是佛之知见,我辈无分。若作此解,乃是谤经毁佛也。彼既是佛,已具知见,何用更开。汝今当信佛知见者,只汝自心,更无别佛。盖为一切众生,自蔽光明，贪爱尘境，外缘内扰，甘受驱驰，便劳他世尊，从三昧起，种种苦口，劝令寝息，莫向外求，与佛无二，故云开佛知见。吾亦劝一切人，于自心中，常开佛之知见。世人心邪，愚迷造罪，口善心恶，贪嗔嫉妒，谄佞我慢，侵人害物，自开众生知见。若能正心，常生智慧，观照自心，止恶行善，是自开佛之知见。汝须念念开佛知见，勿开众生知见。开佛知见，即是出世。开众生知见，即是世间。汝若但劳劳执念，以为功课者，何异牦牛爱尾。"

达曰："若然者，但得解义，不劳诵经耶？"师曰："经有何过，岂障汝念，只为迷悟在人，损益由己，口诵心行，即是转经。口诵心不行，即是被经转。听吾偈曰：

心迷法华转，心悟转法华。
诵经久不明，与义作雠家。
无念念即正，有念念成邪。
有无俱不计，长御白牛车[1]。"

达闻偈，不觉悲泣，言下大悟，而告师曰："法达从昔已来，实未曾转《法华》，乃被《法华》转。再启曰：经云，诸大声闻乃至菩萨[2]，皆尽思共度量，不能测佛智。今令凡夫但悟自心，便名佛之知见。自非上根，未免疑谤。又经说三车，羊鹿牛车，与白牛之车，如何区别？愿和尚再垂开示。"

师曰："经意分明，汝自迷背。诸三乘人，不能测佛智者，患在度量也。饶伊尽思共推，转加悬远。佛本为凡夫说，不为佛说。此理若不肯信者，从他退席。殊不知坐却白牛车，更于门外觅三车。况经文明向汝道，唯一佛乘，无有馀乘。若二若三，乃至无数方便，种种因缘，譬喻言词，是法皆为一佛乘故。汝何不省，三车是假，为昔时故。一乘是实，为今时故。只教汝去假归实，归实之后，实亦无名。应知所有珍财，尽属于汝，由汝受用，更不作父想，亦不作子想，亦无用想。是名持《法华经》，从劫至劫，手不释卷，从昼至夜，无不念时也。"达蒙启发，踊跃欢喜，以偈赞曰：

"经诵三千部，曹溪一句亡。

未明出世旨，宁歇累生狂？
　　羊鹿牛权设，初中后善扬。
　　谁知火宅内，元是法中王。"

　　师曰："汝今后方可名念经僧也。"达从此领玄旨，亦不辍诵经。

　　[1]白牛车：佛教认为修行等级有差异，声闻乘羊车，缘觉乘鹿车，菩萨乘白牛车。
　　[2]声闻：直接听了佛的讲法而觉悟者。

　　僧人法达，洪州人，七岁出家，经常念诵《法华经》。他来参拜慧能大师，叩头时头没有接触地面。大师责备他说："行礼却头不点地，还不如不行礼。你心里面一定有什么东西。平时你修习什么？"法达回答说："我念诵《法华经》已经有三千遍了。"六祖说："你即使念了一万遍，并且领悟了经文妙谛，你不因此骄傲，就可以和我一同修行，现在你自负已经读经三千遍而目中无人，却还不知道这是罪过，你听我的偈语：

　　礼本折慢幢，头奚不至地？
　　有我罪即生，亡功福无比。"

　　大师又问："你叫什么名字？"回答说："法达。"大师说："你名叫法达，又何曾通达了佛法呢？"又念偈语说：

　　"汝今名法达，勤诵未休歇。
　　空诵但循声，明心号菩萨。
　　汝今有缘故，吾今为汝说。
　　但信佛无言，莲花从口发。"

　　法达听了偈语后，向大师悔悟谢罪说："从今以后，一定对一切都谦虚恭敬，弟子虽然熟诵《法华经》，却没有理解其中的意义，心里经常存在着疑惑，和尚您的智慧广大，希望您给我解说一下经文中的义理。"
　　大师说："法达，佛法是通达的，是你的心没有通达，经文里是没有疑惑的，是你的心中有疑惑。你诵读这本经文，知道它的宗旨是什么？"法达说："学生慧根迟钝，从来就是按照经文诵读,哪里知道宗旨义趣呢?"大师说:"我不认识文字,你把经文试读一遍,我给你解说。"法达就高声诵读经文,读到《譬喻品》,大师说:"停。这部经文原本是以出世为宗旨,纵然再说多少譬喻,也不会超越这个宗旨。是什么因缘呢?经上说:各位佛陀世尊,都是以一种大事的因缘而出现在世界上。这一种大事,就是佛的认知见解。世俗之人在外面着迷于表相,在内心又着迷于虚空,如果能对着表相离开表相,对着虚空离开虚空,那就是内外都不迷惑。如果能觉悟到这种法门,在一念之中心思顿开,就是开启了佛的认知见解。佛,就是觉悟,分为四个法门:开启'觉'的认知见解,指示'觉'的认知见解,契合'觉'的认知见解,深入'觉'的认知见解。倘若一听开导,就能悟入'觉',这就是'觉'的认知见解,就是原有真实佛性的呈现。你千万不要错误地理解了经文的意思,看见别人说'开示悟入',以为那只是佛才能有的认知,像我们这些人不沾边。倘若这样理解,那是诽谤经文和佛祖。他既然是佛,那就已经具备了认知,哪里还用得着再来开导启示呢!你现在应当相信,佛的认知,就是你自己的本心,除此之外再没有其他佛了。因为一切众生,自己遮蔽了内心的光明,贪恋热衷于红尘世界,受到外在世界和自己内在欲望的引诱,心甘情愿地被驱使,这才要麻烦各位佛祖世尊,从正定中起来,用各种苦苦的说教,劝告众生让他们停止那些贪恋欲望,不要再向外界追求,这就与佛法没有区别,所以说是开导启发佛的认知。我也劝导一切人,要在自己的内心中,经常开发佛的智慧。世俗人的心中有邪见,愚昧迷惑而造作罪孽,口出善言而心怀恶意,贪婪,嗔怒,嫉妒,谄媚,欺侮,骄傲,侵害别人,这样就开启了众生的认知。如果能够端正内心,就会经常生发智慧出来以观照自己的内心,停止坏的行为,从事好的行为,这就是自己开发了佛的智慧。你要让自己的每一个念头都开发佛的智慧,不要开启众生的认知。开发了佛的智慧,就是超凡脱俗。开启了众生的认知,就是沉迷俗世。你如果只是执著于表面用功诵读经文,那和牦牛爱自己的尾巴又有什么两样?"

法达问:"如果是这样,只要理解意义,就不用下工夫诵读经文了?"大师说:"经文有什么错?怎么能成为你诵读的障碍呢?关键是痴迷或觉悟都在自己把握,读少读多都由你自己,嘴里诵读经文,心中要体会领悟,这就是通过读《法华经》而让法轮大转。只是嘴里诵读经文,心里不体会不领悟,那就是你被经文所转了。你听我念一首偈语:

心迷法华转,心悟转法华。
诵经久不明,与义作雠家。
无念念即正,有念念成邪。
有无俱不计,长御白牛车。"

法达听了偈语后，不觉感动得满面流泪，立刻豁然开朗，对大师说："法达从前那么长时间，其实没有因诵读《法华经》而转动法轮，反而被《法华经》所转了。我再请教一下，佛经上说：各位大声闻乃至菩萨，都竭尽全力猜度考量，却不能领悟佛的智慧。现在让凡夫俗子只要觉悟了自己的内心，就号称达到了佛的智慧。我不具备慧根，对这一点难免有疑惑要胡问了。还有佛经上说到声闻、缘觉和菩萨分别乘羊车、鹿车和牛车等三车，这和白牛车有什么区别呢？请和尚再给予启示教导。"

　　大师说："经文上说得很明白，是你自己迷惑而背离了经义。那声闻、缘觉、菩萨三乘人，不能领悟佛的智慧，毛病出在他们把心思都用在猜度考量了。他们越是竭尽全力来推测，就越离佛的智慧远。佛本来就是对凡夫俗子说法的，不是对佛自己说法的。假如连这个道理都不愿相信，那就让他从这里退席。你怎么不明白你已经坐着白牛车，还要到门外去寻找什么羊车、鹿车和牛车呢？何况经文上已经明确地向你说了，只有唯一一种佛道，并没有其他的佛道。至于或者第二种，或者第三种，乃至无数种方便法门，还有种种因缘，譬喻，言词，都是以这一种佛道为核心的善巧方便而已。你怎么不明白？所谓羊车、鹿车、牛车都是假借的名称，是为了说明当日的情况。唯一的佛道才是真实的，是为你的此时而存在的，是教导你去掉假名而回归真实即唯一佛道的，回归真实以后，真实也就不需要假名了。应当知道所有的珍贵财宝都属于你自己，由你来独自享用，不要想这原来是属于父亲的，或将来是属于儿子的，根本不需要想。这才叫修持《法华经》，是从最初的劫数到最后一个劫数，你都在手不释卷，从白天到黑夜无时无刻不在诵读了。"法达受到启发，高兴得手舞足蹈，作了一首偈语表达赞美之情：

　　　　"经诵三千部，曹溪一句亡。
　　　　未明出世旨，宁歇累生狂？
　　　　羊鹿牛权设，初中后善扬。
　　　　谁知火宅内，元是法中王。"

　　大师说："你从今以后才可以叫做念经僧了。"法达从此领悟到了佛法的微言大义，同时仍然不断地诵读经文。

　　僧智通，寿州安丰人。初看《楞伽经》约千馀遍，而不会三身四智，礼师求解其义。师曰："三身者，清净法身，汝之性也；圆满报身，汝之智也；

千百亿化身,汝之行也。若离本性,别说三身,即名有身无智;若悟三身无有自性,即名四智菩提。听吾偈曰:

　　自性具三身,发明成四智。
　　不离见闻缘,超然登佛地。
　　吾今为汝说,谛信永无迷。
　　莫学驰求者,终日说菩提。"

通再启曰:"四智之义,可得闻乎?"师曰:"既会三身,便明四智,何更问耶?若离三身,别谈四智,此名有智无身,即此有智,还成无智。"复说偈曰:

　　"大圆镜智性清净,平等性智心无病。
　　妙观察智见非功,成所作智同圆镜。
　　五八六七果因转,但用名言无实性。
　　若于转处不留情,繁兴永处那伽定。"

通顿悟性智,遂呈偈曰:

　　"三身元我体,四智本心明。
　　身智融无碍,应物任随形。
　　起修皆妄动,守住匪真精。
　　妙旨因师晓,终亡染污名。"

僧人智通,寿州安丰人。他开始看的是《楞伽经》,大约读了一千多遍,却没有理解了"三身"和"四智",因此拜见慧能大师,请求讲解经文妙谛。大师说:"所谓'三身',第一是清净的法身,是你的本性;第二是圆满的报身,是你的智慧;第三是千百亿化身,是你的行为。如果离开你的本性而来谈'三身',就叫有身无智,如果领悟'三身'并没有它自己的本性,就叫四智菩提。听我念一首偈语:

自性具三身，发明成四智。
不离见闻缘，超然登佛地。
吾今为汝说，谛信永无迷。
莫学驰求者，终日说菩提。"

智通又问道："'四智'的妙义，我可以听听吗？"大师说："既然已经领悟了'三身'，自然就懂'四智'了，还问什么呢？如果离开'三身'，另外再谈'四智'，这就叫有智无身，这种所谓有智，其实还是无智。"大师接着又念诵了一首偈语：

"大圆镜智性清净，平等性智心无病。
妙观察智见非功，成所作智同圆镜。
五八六七果因转，但用名言无实性。
若于转处不留情，繁兴永处那伽定。"

智通立刻领悟了本性的智慧，也念了一首偈语呈献给大师：

"三身元我体，四智本心明。
身智融无碍，应物任随形。
起修皆妄动，守住匪真精。
妙旨因师晓，终亡染污名。"

原文

僧智常，信州贵溪人，髫年出家[1]，志求见性，一日参礼。师问曰："汝从何来，欲求何事？"曰："学人近往洪州白峰山礼大通和尚，蒙示见性成佛之义，未决狐疑，远来投礼，伏望和尚慈悲指示。"师曰："彼有何言句，汝试举看。"曰："智常到彼，凡经三月，未蒙示诲，为法切故，一夕独入丈室，请问如何是某甲本心本性。大通乃曰：'汝见虚空否？'对曰：'见。'彼曰：'汝见虚空有相貌否？'对曰：'虚空无形，有何相貌？'彼曰：'汝之本性，犹如虚空，了无一物可见，是名正见。无一物可知，是名真知。无有青黄长短，但见本源清净，觉体圆明，即名见性成佛，亦名如来知见。'学人虽闻此说，犹未决了，乞和尚开示。"师曰："彼师所说，犹存见知，故令汝未了。吾今示汝一偈：

不见一法存无见,大似浮云遮日面。
不知一法守空知,还如太虚生闪电。
此之知见瞥然兴,错认何曾解方便?
汝当一念自知非,自己灵光常显现。"

常闻偈已,心意豁然,乃述偈曰:

"无端起知见,著相求菩提。
情存一念悟,宁越昔时迷。
自性觉源体,随照枉迁流。
不入祖师室,茫然趣两头。"

智常一日问师曰:"佛说三乘法,又言最上乘,弟子未解,愿为教授。"师曰:"汝观自本心,莫著外法相。法无四乘,人心自有等差,见闻转诵是小乘;悟法解义是中乘;依法修行是大乘。万法尽通,万法具备,一切不染,离诸法相,一无所得,名最上乘。乘是行义,不在口争,汝须自修,莫问吾也。一切时中,自性自如。"常礼谢执侍,终师之世。

[1]髫年:童年。髫,古代指孩子下垂的头发。

僧人智常,信州贵溪人,很小的时候就出家了。他立志要透彻地认识佛性,有一天去参拜慧能大师。大师问他说:"你从哪里来?要求问什么事?"智常回答说:"弟子近日前往洪州白峰山参拜大通和尚,承蒙他启示了认知本性成就佛道的妙义,但感到仍然有一些疑惑没有解决,因此不辞远道前来向您请教,恳请和尚您大发慈悲给予启发。"大师说:"他讲了些什么?你试着举例说说看。"智常回答说:"智常到了他那儿,过了三个月,还一直没有得到他教诲,因为我求法的心太迫切,一天晚上我独自一人前往方丈内室,向他请教什么才是我的本心和本性。大通和尚才说:'你看见了虚空吗?'我回答说:'看见了。'他又问:'你看到了虚空的具体相貌了吗?'我回答说:'虚空没有形状,有什么具体相貌呢?'他又说:'你的本性,就像虚空一样，任何具体的东西都看不见，这才叫正见。没有一件具体物相可以知晓，这才叫真知。没有什么青色和黄色，长和短的区别，只要见到本性的清净，智慧圆满透明，这就叫认知了本性成就了佛道，也叫如来的认知。'弟子虽然听了这些解说，但还没有完全明了，请求和尚您再给予启示。"大师说："你的老师所讲的，还留有'知见'的痕迹，难怪不能让你彻底觉悟了。我现在给你念诵一首偈语：

  不见一法存无见，大似浮云遮日面。
  不知一法守空知，还如太虚生闪电。
  此之知见瞥然兴，错认何曾解方便？
  汝当一念自知非，自己灵光常显现。"

智常听了偈语，心里豁然开朗，也就念诵了一首偈语：

  "无端起知见，著相求菩提。
   情存一念悟，宁越昔时迷。
   自性觉源体，随照枉迁流。
   不入祖师室，茫然趣两头。"

有一天，智常又来问大师说："佛说声闻、缘觉和菩萨这三乘妙法，又说还有最上乘，弟子没有明白这是怎么回事，希望您指点教导。"大师说："你只内视自己的本心，不要执著于外在的法相。佛法本来并没有四乘的区别，人的悟解能力各有差异，亲见佛祖并听佛祖讲解再跟着诵读佛经，这是小乘法；自己领悟了解佛法义理，这是中乘法；按照佛法修行，这是大乘法。各种佛法其实都是相通的，能通晓所有的佛法，又不执著于某一种佛法，远离各种佛法的表面名相，一点也不教条，这就是最上乘法。乘是实践修行的意思，不在于口头上的名义争论，你必须自己修习，不要来问我。在任何时候，自己的本性都要自己觉悟。"智常拜谢大师，从此非常虔诚地侍奉大师，直到大师圆寂。

原文

  僧志道，广州南海人也，请益曰："学人自出家，览《涅槃经》十载有馀，未明大意，愿和尚垂诲。"师曰："汝何处未明？"曰："诸行无常，是生灭法，生灭灭已，寂灭为乐，于此疑惑。"师曰："汝作么生疑？"曰："一切众生皆有二身，谓色身法身也。色身无常，有生有灭；法身有常，无知无觉。经云：生灭灭已，寂灭为乐者，不审何身寂灭，何身受乐？若色身者，色身灭时，四大分散，全然是苦，苦不可言乐。若法身寂灭，即同草木瓦石，谁当受乐？又法性是生灭之体，五蕴是生灭之用，一体五用，生灭是常。生则从体起用，灭则摄用归体。若听更生，即有情之类，不断不灭；若不听更生，则永归寂灭，同于无情之物。如是，则一切诸法被涅槃之所禁伏，尚不得生，何乐之有？"师曰："汝是释子，何习外道断常邪见，而议最上乘法？据汝所说，即色身外别有法身，离生灭求于寂灭，又推涅槃常乐，言有身受用，斯乃执吝生死，耽著世乐。汝今当知佛为一切迷人，认五蕴和合为自体相，分别一切法为外尘相，好生恶死，念念迁流，不知梦幻虚假，枉受轮回，以常乐涅槃，翻为苦相，终日驰求。佛愍此故，乃示涅槃真乐，刹那无有生相，刹那无有灭相，更无生灭可灭，是则寂灭现前，当现前时，亦无现前之量，乃谓常乐。此乐无有受者，亦无不受者，岂有一体五用之名？何况更言涅槃禁伏诸法，令永不生，斯乃谤佛毁法。听吾偈曰：

无上大涅槃，圆明常寂照。
凡愚谓之死，外道执为断。
诸求二乘人，目以为无作。
尽属情所计，六十二见本。
妄立虚假名，何为真实义？
惟有过量人，通达无取舍。
以知五蕴法，及以蕴中我。
外现众色像，一一音声相。
平等如梦幻，不起凡圣见。
不作涅槃解，二边三际断。
常应诸根用，而不起用想。
分别一切法，不起分别想。
劫火烧海底，风鼓山相击。
真常寂灭乐，涅槃相如是。
吾今强言说，令汝舍邪见。
汝勿随言解，许汝知少分[1]。"

志道闻偈大悟,踊跃作礼而退。

[1]汝勿随言解,许汝知少分:意思是你不要随意乱说,自负还懂点佛法。

　　僧人志道,广州南海人。他来见大师请教说:"弟子自从出家以来,阅览《涅槃经》十年多,也没有明了其中的大意,请和尚不吝赐教。"大师问:"你什么地方不明白?"志道说:"《涅槃经》中有一首偈语说:'诸行无常,是生灭法,生灭灭已,寂灭为乐。'我对它疑惑不解。"大师说:"你为什么疑惑?"志道说:"一切众生都有两个身体,就是所谓色身和法身。血肉之躯的色身变化无常,有生有死;佛法所成的法身永恒不变,但没有知觉。佛经上说:'生灭灭已,寂灭为乐。'(超脱了生死轮回,就是快乐境界。)我不知道是哪个身体寂灭,哪个身体享受快乐?如果说色身,那么在色身死灭时,地、水、火、风的四大就分散了,这都是痛苦,不能说是快乐。如果说是法身寂灭了,那就像草木瓦石一样没有感觉,那是谁享受快乐呢?再说法性是生灭的本体,色、受、想、行、识这五蕴是生灭的表现,一个本体五种表现,生和灭是永恒的变化。如果有生,那么就会从本体中产生这五种表现;如果要灭,五种表现就会返回本体。如果听任它反复重生,那就是有情有感的众生,生死循环无穷无尽;如果不再重生,那就永远归于寂灭了,就等同于瓦石等无情之物了。如果是这样,那么一切佛法都被涅槃所束缚,连重生都不再可能,又有什么快乐可言?"大师说:"你是释迦牟尼的弟子,怎么学了外道的关于生死的偏见来议论最上乘的佛法?照你所说的,在色身之外还另外有法身,脱离生死而追求涅槃,还要推论涅槃的快乐,说有身体来享受它。这是执著于生和死,耽溺于世俗的享乐。你现在应该知道,佛正因为尘世愚迷之人把五蕴和合暂时构成的肉体当作自体的真实本相,把各种外界的表相作区分而当真,因此贪生怕死,念头接着念头没有止境,不明白那一切其实都是梦幻一般虚假,徒劳地堕落于轮回之中,把永恒的涅槃快乐,反而当作是苦痛,因此终日在红尘中劳碌追逐。佛对此感到怜悯,于是把涅槃的真正快乐显现出来,在刹那间没有生的现象,也没有火的现象,当然更没有生和火本身可以消火了,这样那真正的寂灭才呈现出来,当这种时刻,也没有什么量度来衡定这种呈现,这才叫永恒的快乐。这种快乐没有承受者,也没有不承受者,岂有什么一体五用等名目?何况你还说什么涅槃束缚了一切佛法,让其永远不会再生,这实在是毁谤佛和佛法。你听我的偈语:

　　无上大涅槃，圆明常寂照。
　　凡愚谓之死，外道执为断。
　　诸求二乘人，目以为无作。
　　尽属情所计，六十二见本。
　　妄立虚假名，何为真实义？
　　惟有过量人，通达无取舍。
　　以知五蕴法，及以蕴中我。
　　外现众色像，一一音声相。
　　平等如梦幻，不起凡圣见。
　　不作涅槃解，二边三际断。
　　常应诸根用，而不起用想。
　　分别一切法，不起分别想。
　　劫火烧海底，风鼓山相击。
　　真常寂灭乐，涅槃相如是。
　　吾今强言说，令汝舍邪见。
　　汝勿随言解，许汝知少分。"

　　志道听了偈语后，终于觉悟，高兴得手舞足蹈，向大师行礼后退出。

原文

　　行思禅师，生吉州安城刘氏，闻曹溪法席盛化，径来参礼。遂问曰："当何所务，即不落阶级？"师曰："汝曾作什么来？"曰："圣谛亦不为[1]。"师曰："落何阶级？"曰："圣谛尚不为，何阶级之有！"师深器之，令思首众。一日，师谓曰："汝当分化一方，无令断绝。"思既得法，遂回吉州青原山，弘法绍化，谥弘济禅师。

　　怀让禅师，金州杜氏子也，初谒嵩山安国师，安发之曹溪参叩。让至礼拜。师曰："甚处来？"曰："嵩山。"师曰："什么物，恁么来？"曰："说似一物即不中。"师曰："还可修证否？"曰："修证即不无，污染即不得。"师曰："只此不污染，诸佛之所护念，汝既如是，吾亦如是。西天般若多罗谶：汝足下出一马驹，踏杀天下人，应在汝心，不须速说。"让豁然契会，遂执侍左右一十五载，日臻玄奥，后往南岳，大阐禅宗，敕谥大慧禅师。

116

[1]圣谛:佛教基本的四个教义:苦、集、灭、道。
[2]马驹:指马祖道一将成为怀让的高足弟子。

行思禅师,生于吉州安城一户姓刘的人家,听说曹溪这里弘扬佛法十分兴盛,就来参拜慧能大师。行思请教说:"应当怎样修行,就不会落渐悟的套路?"大师回答说:"你曾经怎样修行?"行思说:"我对四圣谛都没有修。"大师说:"那你落到什么套路?"行思回答:"四圣谛都没有修,还落什么套路呢?"大师对行思十分器重,让他作首席门徒。有一天,大师对他说:"你应当独当一面去教化一方,不要让法门断绝。"行思既然已经得到了佛法三昧,于是返回吉州青原山,弘扬顿教法门,圆寂后被谥为弘济禅师。

怀让禅师,金州一户杜姓人家的孩子,最初参谒嵩山的安国师,安国师打发他去曹溪参拜慧能大师。大师问:"你从哪里来?"怀让回答:"嵩山。"大师又问:"什么东西?怎么来的?"怀让回答:"如果说一件东西就不妙了。"大师问:"还可以修行可以证悟吗?"怀让回答:"修行证悟不是没有,执著某一念头就不会有了。"大师说:"只这不执著某一念头,就是各位佛所维护的,你是这样,我也是这样。西天的般若多罗法师有预言,说你门下会出一匹龙马驹,驰骋天下无敌手。这个预言你要谨记在心,不必急着表白。"怀让豁然贯通,心中领会,于是随侍大师左右整十五年,修养和智慧与日俱增,后来前往南岳开设道场,把禅宗发扬光大,圆寂后被朝廷赐谥为大慧禅师。

永嘉玄觉禅师,温州戴氏子,少习经论,精天台止观法门[1],因看《维摩经》,发明心地。偶师弟子玄策相访,与其剧谈,出言暗合诸祖。策云:"仁者得法师谁?"曰:"我听方等经论,各有师承,后于《维摩经》,悟佛心宗,未有证明者。"策云:"威音王已前即得[2],威音王已后,无师自悟,尽是天然外道。"曰:"愿仁者为我证据。"策云:"我言轻,曹溪有六祖大师,四方云集,并是受法者。若去,则与偕行。"觉遂同策来参,绕师三匝,振锡而立。师曰:"夫沙门者,具三千威仪,八万细行,大德自何方而来,生大我慢。"觉曰:"生死事大,无常迅速。"师曰:"何不体取无生,了无速乎?"曰:"体即无生,了本无速。"师曰:"如是如是。"玄觉方具威仪礼拜,须臾告辞。师曰:"返太速乎?"曰:"本自非动,岂有速耶?"师曰:"谁知非动?"曰:"仁者自生分别。"师曰:"汝甚得无生之意。"曰:"无生岂有意耶?"师曰:"无意谁当分别?"曰:"分别亦非意。"师曰:"善哉!少留一宿。"时谓一宿觉。后著《证道歌》,盛行于世,谥曰无相大师,时称为真觉焉。

[1]天台:天台宗,以《法华经》为经典。
[2]威音王:佛名。表示非常遥远的年代,据说威音王时代人的精神纯正无邪。

　　永嘉地方的玄觉禅师,是温州一户姓戴人家的孩子,少年时就学习佛教经典和理论,特别精通天台宗的止观法门,因为阅读《维摩经》,而认知了心性。一次偶然机会,慧能的弟子玄策来访,和他高谈阔论,玄觉的言谈都能和禅宗各位祖师的意思相合。玄策问玄觉:"仁者你的老师是哪一位?"玄觉回答:"我听了各家讲论经典,各有师承,后来读《维摩经》,领悟到佛祖以心传心的妙谛,但还没有遇到能与我互相印证的人。"玄策说:"威音王之前,无师自通是可以的,威音王以后,无师自悟那当然就是外道了。"玄觉说:"请仁者为我印证吧。"玄策说:"我人微言轻。曹溪有一位六祖大师,四方的高僧都云集前往参拜,都是去请教佛法的。你如果前去,我和你同行。"玄觉就和玄策一起前来参拜,玄觉围绕慧能大师转了三圈,然后举起锡杖顿地而立。大师说:"作了沙门,就具有很威武的仪表,遵循细致严格的行为规范,大德你从哪里来?敢这样傲慢地对待我?"玄觉说:"生和死是大事,变化无常快得很。"大师说:"那为什么不去领会不生不灭的道理?了悟不变的宗旨呢?"玄觉说:"领会了就无所谓生死,了悟了就没有变化。"大师说:"是这样,是这样。"玄觉这才又端正仪态,重新向大师礼拜,过一会就告辞要走。大师说:"你回去得太快了吧?"玄觉说:"我本来没有动,哪有什么快不快呢?"大师说:"谁知道你没有动呢?"玄觉说:"仁者自然知道。"大师说:"你的确很明白无生的意义。"玄觉说:"无生难道有意义吗?"大师说:"没有意义谁能懂得?"玄觉说:"能懂得也就不是意义了。"大师说:"很好啊!就留下来住一宿吧。"当时大家就称玄觉为"一宿觉"。后来玄觉写出《证道歌》,盛行于世,圆寂后被谥为无相大师,当时也被称为"真觉"。

　　禅者智隍,初参五祖,自谓已得正受,庵居长坐,积二十年。师弟子玄策,游方至河朔[1],闻隍之名,造庵问云:"汝在此作什么?"隍曰:"入定。"

策云:"汝云入定,为有心入耶?无心入耶?若无心入者,一切无情草木瓦石,应合得定。若有心入者,一切有情含识之流,亦应得定。"隍曰:"我正入定时,不见有有无之心。"策云:"不见有有无之心,即是常定,何有出入?若有出入,即非大定。"隍无对,良久,问曰:"师嗣谁耶?"策云:"我师曹溪六祖。"隍云:"六祖以何为禅定?"策云:"我师所说,妙湛圆寂,体用如如,五阴本空,六尘非有,不出不入,不定不乱。禅性无住,离住禅寂。禅性无生,离生禅想,心如虚空,亦无虚空之量。"隍闻是说,径来谒师。师问云:"仁者何来?"隍具述前缘。师云:"诚如所言,汝但心如虚空,不著空见,应用无碍,动静无心,凡圣情忘,能所俱泯,性相如如,无不定时也。"隍于是大悟,二十年所得心,都无影响。其夜河北士庶闻空中有声云:"隍禅师今日得道。"隍后礼辞,后归河北,开化四众[2]。

一僧问师云:"黄梅意旨,甚么人得?"师曰:"会佛法人得。"僧云:"和尚还得否?"师云:"我不会佛法。"

师一日欲濯所授之衣,而无美泉,因至寺后五里许,见山林郁茂,瑞气盘旋,师振锡卓地,泉应手而出,积以为池,乃膝跪浣衣石上。忽有一僧来礼拜,云方辩,是西蜀人,昨于南天竺国,见达摩大师,嘱方辩速往唐土,吾传大迦叶正法眼藏及僧伽梨,见传六代于韶州曹溪,汝去瞻礼。方辩远来,愿见我师传来衣钵,师乃出示,次问上人攻何事业。曰:"善塑。"师正色曰:"汝试塑看。"辩罔措。过数日,塑就真相,可高七寸,曲尽其妙。师笑曰:"汝只解塑性,不解佛性。"师舒手摩方辩顶,曰:"永为人天福田。"师乃以衣酬之。辩取衣分为三,一披塑像,一自留,一用棕裹瘗地中。誓曰:后得此衣,乃吾出世,住持于此,重建殿宇。"

有僧举卧轮禅师偈云:

"卧轮有伎俩,能断百思想。
　　对境心不起,菩提日日长。"

师闻之曰:"此偈未明心地,若依而行之,是加系缚。"因示一偈曰:

"慧能没伎俩,不断百思想。

对境心数起,菩提作么长?"

[1]河朔:河北一带。

[2]四众:比丘、比丘尼、优婆塞、优婆夷。前两众是出家的男僧女尼,后两众是在家修行的男居士和女修士。也有称出家的比丘、比丘尼、沙弥、沙弥尼为四众的。

有一个修禅学的智隍,当初参拜过五祖弘忍,自以为已经得到了禅家正道,长期在庵庙里打坐修行,已经二十年了。慧能大师的徒弟玄策,云游到了河朔一带,听到了智隍的名声,就到庵里去访问他说:"你待在这儿做什么?"智隍回答说:"入定。"玄策说:"你说在入定,你入定时有心念呢,还是无心念呢?如果是无心念入定,那么一切草木瓦石都应该能入定。如果是有心念入定,那么一切有情有识的普通众生也应该能入定。"智隍说:"我正入定的时候,看不见什么有心念还是无心念。"玄策说:"看不见有心念还是无心念,就是常定,那怎么会有出定和入定?既有出定和入定,那你就不是真正的定。"智隍没有话回答了,过了很久,问玄策说:"师傅你是谁的弟子啊?"玄策回答:"我的老师是曹溪六祖。"智隍问:"六祖以什么为禅定?"玄策说:"我的师傅所讲的禅定,是妙不可言的圆寂境界,本体和应用融合为一,五阴(色、受、想、行、识)本来是空无一物的,六尘(色、声、香、味、触、法)也并非真正存有,所以没有出定和入定的区别,也没有神定和神乱的区别。禅的本性是不执著,不对禅定着意进入或者离开。禅的本性是不生不灭,并不执著要产生禅思冥想,而是心如虚空,但也没有对虚空作度量的标准。"智隍听了以后,就直接前来参见慧能大师。大师问他:"仁者从哪儿来?"智隍讲述了与玄策相会的情况。大师说:"正像玄策说的,你只要心如虚空,又不着意于追求空的意识,那就能自在应对运用而通灵无所障碍,无论是动还是静都能无所用心,无论是凡俗人还是圣人的情感都忘掉,主观和客观的差异都消除,这样你的本性和表相没有区别,你就无时无刻不在入定了。"智隍听了以后获得大觉悟,超越了二十年的刻意修行,不再执著了。那一天夜里河北地区的士子和百姓都听见天空中有声音说:"智隍禅师今天悟道了。"智隍后来拜辞大师,返回河北,弘扬禅学,教化僧俗四众弟子。

有一个僧人问慧能大师说:"黄梅五祖的真谛,谁获得传授了?"大师回答:"能领悟佛法的人得到了。"僧人又问:"和尚你得到了吗?"大师回答:"我没有领悟佛法。"

慧能大师有一天要洗涤一下五祖传授的袈裟,因为附近没有清洁的泉水,就走到寺庙后边五里远的地方,看见那里山林郁郁葱葱,有祥瑞的云气在盘旋,大师

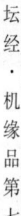

120

就举起锡杖往地面上用力一戳,泉水立刻在杖下喷涌出来,汇集成一个池塘,大师就以膝跪地,在水边石上洗涤袈裟。忽然来了一个僧人向大师行礼,自称名叫方辩,是西蜀地方的人,不久前在南天竺国遇见了达摩大师,嘱咐他赶快到唐朝国土来,说我传给大伽叶的正宗佛法和佛衣,现在已经传到第六代了,传人在韶州的曹溪,你可以去瞻仰礼拜。方辩远道而来,希望见一下初祖大师传下来的衣钵。慧能大师就给他看,然后问方辩主要干什么事。方辩说:"我会塑像。"大师严肃地说:"你试着给我塑一尊像看看。"方辩一时回答不上来。过了几天,塑成了一尊慧能肖像,高七寸,惟妙惟肖。大师笑着说:"你只懂得塑像的道理,却不懂佛性。"大师用手抚摩方辩的头顶说:"你将永远享受人间和天上的福田。"大师把袈裟送给了方辩作为酬谢。方辩把袈裟分成三截,一截披到塑成的慧能像上,一截自己保留,还有一截用棕叶包好埋在地里。并发誓说:"后世谁能得到这一块法衣,那就是我投胎再生,那时我将在这里重新修建佛殿,并作住持。"

有一个僧人举出卧轮禅师的一篇偈语说:

"卧轮有伎俩,能断百思想。
　对境心不起,菩提日日长。"

慧能大师听了以后说:"这篇偈语还没有明白自己的佛性,如果照它来修行,那是给自己的佛性加上了束缚。"于是,大师也作了一篇偈语:

"慧能没伎俩,不断百思想。
　对境心数起,菩提作么长?"

◎ 顿渐品第八

本章讲述慧能的顿悟派和神秀的渐悟派争锋禅宗正统的小故事，当然都是顿派高于渐派的意思。

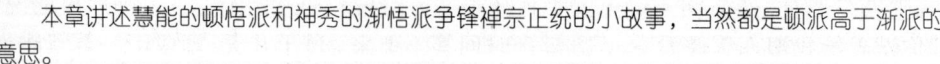

时祖师居曹溪宝林，神秀大师在荆南玉泉寺[1]，于时两宗盛化，人皆称南能北秀，故有南北二宗顿渐之分，而学者莫知宗趣。师谓众曰："法本一宗，人有南北；法即一种，见有迟疾。何名顿渐？法无顿渐，人有利钝，故名顿渐。"然秀之徒众，往往讥南宗祖师，不识一字，有何所长？秀曰："他得无师之智，深悟上乘，吾不如也。且吾师五祖，亲传衣法，岂徒然哉？吾恨不能远去亲近，虚受国恩，汝等诸人毋滞于此，可往曹溪参决。"一日，命门人志诚曰："汝聪明多智，可为吾到曹溪听法，若有所闻，尽心记取，还为吾说。"志诚禀命至曹溪，随众参请，不言来处。时祖师告众曰："今有盗法之人，潜在此会。"志诚即出礼拜，具陈其事。师曰："汝从玉泉来，应是细作[2]。"对曰："不是。"师曰："何得不是？"对曰："未说即是，说了不是。"师曰："汝师若为示众？"对曰："常指诲大众，住心观净，长坐不卧。"师曰："住心观净，是病非禅，常坐拘身，于理何益。听吾偈曰：

生来坐不卧，死去卧不坐。
一具臭骨头，何为立功课？"

志诚再拜曰："弟子在秀大师处，学道九年，不得契悟，今闻和尚一说，便契本心。弟子生死事大，和尚大慈，更为教示。"师曰："吾闻汝师教示学人戒定慧法，未审汝师说戒定慧行相如何，与吾说看。"诚曰："秀大师说：诸恶莫作名为戒，诸善奉行名为慧，自净其意名为定。彼说如此。未审和尚以何法诲人？"师曰："吾若言有法与人，即为诳汝，但且随方解缚,假名三昧。如汝师所说戒定慧,实不可思议也。吾所见戒定慧又别。"志诚曰:"戒定慧只合一种,如何更别?"师曰:"汝师戒定慧接大乘人,吾戒定慧接最上乘人。悟解不同,见有迟疾。汝听吾说,与彼同否?吾所说法,不离自性。离体说法,名为相说,自性常迷。须知一切万法,皆从自性起用,是真戒定慧法。听吾偈曰:

> 心地无非自性戒,心地无痴自性慧,
> 心地无乱自性定,不增不减自金刚,
> 身去身来本三昧。"

诚闻偈,悔谢。乃呈一偈曰:

> "五蕴幻身,幻何究竟?
> 回趣真如,法还不净。"

师然之,复语诚曰:"汝师戒定慧,劝小根智人,吾戒定慧,劝大根智人。若悟自性,亦不立菩提涅槃,亦不立解脱知见,无一法可得,方能建立万法。若解此意,亦名佛身,亦名菩提涅槃,亦名解脱知见。见性之人,立亦得,不立亦得。去来自由,无滞无碍,应用随作,应语随答,普见化身,不离自性,即得自在神通,游戏三昧,是名见性。"

志诚再启师曰:"如何是不立义?"师曰:"自性无非,无痴无乱,念念般若观照,常离法相,自由自在,纵横尽得,有何可立?自性自悟,顿悟顿修,亦无渐次,所以不立一切法。诸法寂灭,有何次第?"志诚礼拜,愿为执侍,朝夕不懈。

[1]荆南玉泉寺:湖北省当阳玉泉寺。
[2]细作:密探。

当时,六祖大师在曹溪宝林寺住持,神秀大师在荆南玉泉寺住持。那时两大禅宗流派都很兴盛,人们称作南能北秀,因此有南宗和北宗,顿教和渐教的分别,而学习禅法的人并不能了解两派的宗旨义趣。慧能大师对大家说:"佛法本来只有一宗,只是人有南和北之分;佛法原本只有一种,只是人的领悟有慢有快而已。为什么要搞顿教和渐教的名称呢?佛法没有顿和渐的区别,只是人有聪颖和迟钝的区别,因此才有了顿和渐的名堂。"但神秀的门徒们,往往讽刺南宗祖师,说他又不认识字,能有什么长处呢?神秀说:"他有无师自通的智慧,对佛教的最高境界领悟深刻,我不如他。再说我们的师傅五祖,亲自把衣钵传给他,难道是偶然的吗?我很遗憾自己不能远道相访去向他请教,在这儿白白地领受朝廷的恩宠,你们不要滞留在我这儿,可以去曹溪学习领悟。"有一天,神秀对门徒志诚说:"你聪明机智,可以代替我到曹溪听听他讲佛法,如果有什么心得,用心记住,回来给我说说。"志诚遵照师傅的命令,来到曹溪,混在众多的门徒中听讲,没有说明自己的来历。当时六祖大师告诉众人说:"现在有一个前来偷盗佛法的人,潜藏在会场里。"志诚听了,就出来说明情况。大师说:"你从玉泉寺来,一定是密探吧。"志诚回答说:"不是。"大师说:"怎么会不是?"志诚回答:"我没有说明的时候是,说明以后就不是了。"大师说:"你师傅怎样给众门徒教授?"志诚回答说:"他经常指示教诲大众,要集中精力,观想清净的境界,要长时间打坐,不要躺卧。"大师说:"集中精力观想清净境界,这种方法是错误的,不是真正的禅修,长时间打坐,对身体是拘束,对认知佛理又有什么好处呢?你听我的偈语:

生来坐不卧,死去卧不坐。
一身臭骨头,何为立功课?"

志诚听了后再次向大师致敬,说:"弟子在神秀大师那儿,学了九年佛道,没有真正领悟,现在听了和尚的一席话,立刻契合了自己的本心。弟子想生和死是最大的事,和尚大慈大悲,请您进一步教导启发我。"大师说:"我听说你师傅教给学习佛法的人戒、定、慧的方法,不知道你师傅怎样解说戒、定、慧的内容和形式?你给我说一说。"志诚说:"神秀大师说,任何恶事都不要做就叫戒,各种善事都要做就叫慧,自己让心意变清净就叫定。他是这样说的。不知道和尚您用什么方法来教导学人?"大师说:"我如果说我有一套方法教给别人,那就是欺骗你,我只是根据各种具体情况解除别人的心灵束缚,借用一个三昧的代名词而已。比如你师傅所解说的戒、定、慧,实在让人不可思议。我所理解的戒、定、慧是另一种。"志诚说:"戒、定、慧只应该有一种,怎么会有另一种呢?"大师说:"你师傅的戒、定、慧是引度有大乘智慧的人,我的戒、定、慧是引度有最上乘智慧的人。人的领悟能力有区别,认识有迟有快。你听我所说的,和他所说的一样吗?我所说的佛法,不离开自己的本性。离开了本性来说佛法,那就叫浮表的说法,自己的本性就常常迷惑。要知道一切的种种佛法,都是从自己的本性产生作用,这才是真正的戒、定、慧的方法。听我念偈语:

　　心地无非自性戒,心地无痴自性慧,
　　心地无乱自性定,不增不减自金刚,
　　身去身来本三昧。"

志诚听了偈语后,知错称谢。于是也呈给大师一篇偈语:

　　"五蕴幻身,幻何究竟?
　　回趣真如,法还不净。"

大师听了后,表示认可,又对志诚说:"你师傅的戒、定、慧,只能劝化根行浅智慧低的人,我的戒、定、慧,是劝化那些根行深智慧高的人。如果能领悟自己的本性,就不必讲究菩提、涅槃这些名目,也不必着意去摆脱一般见解的束缚,因为达到了不用任何方法就能觉悟的境界,也就所有的方法都通达了。如果明白了这个意思,也就可以叫成就佛身了,也就可以叫菩提、涅槃了,也可以叫摆脱一般见解的束缚了。认知了佛性的人,叫那些名目也能觉悟,不叫那些名目也能觉悟。去和来都很自由,没有停滞也没有阻碍,随机就用,随问就答,到处都能灵活应对,永远不会离开自己本有的佛性,这就是得到大自在的神通,游戏一样就领悟真谛了。这才叫认知了自己的佛性。"

志诚又向大师请教说:"什么叫做不立义?"大师说:"自己的佛性中没有错误,没有愚昧,没有散乱,每一个念头都被般若智慧所观照,永远不被外界的法相所迷惑,自由自在,随意而行都可领悟,还有什么需要立的呢?自己的佛性自己觉悟,顿时觉悟,顿时修持,没有什么循序渐进的修持阶段,所以不需要建立任何方法。各种方法都会消灭,还有什么次序阶段呢?"志诚听了再次敬礼拜谢,愿意服侍大师,从早到晚一点都不懈怠。

　　僧志彻,江西人,本姓张,名行昌,少任侠。自南北分化,二宗主虽亡彼我,而徒侣竞起爱憎。时北宗门人,自立秀师为第六祖,而忌祖师传衣为天下闻,乃嘱行昌来刺师。师心通,预知其事,即置金十两于座间。时夜暮,行昌入祖室,将欲加害。师舒颈就之,行昌挥刃者三,悉无所损。师曰:"正剑不邪,邪剑不正。只负汝金,不负汝命。"行昌惊仆,久而方苏,求哀悔过,即愿出家。师遂与金,言汝且去,恐徒众翻害于汝,汝可他日易形而来,吾当摄受。行昌禀旨宵遁,后投僧出家,具戒精进。一日,忆师之言,远来礼觐。师曰:"吾久念汝,汝来何晚?"曰:"昨蒙和尚舍罪,今虽出家苦行,终难报德,其惟传法度生乎?弟子常览《涅槃经》,未晓常无常义,乞和尚慈悲,略为解说。"师曰:"无常者,即佛性也。有常者,即一切善恶诸法分别心也。"曰:"和尚所说,大违经文。"师曰:"吾传佛心印,安敢违于佛经?"曰:"经说佛性是常,和尚却言无常。善恶诸法乃至菩提心,皆是无常,和尚却言是常,此即相违,令学人转加疑惑。"师曰:"《涅槃经》,吾昔听尼无尽藏读诵一遍,便为讲说,无一字一义不合经文。乃至为汝,终无二说。"曰:"学人识量浅昧,愿和尚委曲开示。"师曰:"汝知否?佛性若常,更说什么善恶诸法?乃至穷劫,无有一人发菩提心者。故吾说无常,正是佛说真常之道也。又,一切诸法若无常者,即物物皆有自性,容受生死,而真常性有不遍之处。故吾说常者,是佛说真无常义。佛比为凡夫外道执于邪常,诸二乘人于常计无常[1],共成八倒,故于涅槃了义教中,破彼偏见,而显说真常真乐真我真净。汝今依言背义,以断灭无常,及确定死常,而错解佛之圆妙最后微言,纵览千遍,有何所益?"行昌忽然大悟,说偈曰:

"因守无常心,佛说有常性。
不知方便者,犹春池拾砾。
我今不施功,佛性而现前。
非师相授与,我亦无所得。"

师曰:"汝今彻也,宜名志彻。"彻礼谢而退。

[1]二乘人:指声闻、缘觉。尚处于觉悟的较低级阶段。

僧人志彻,江西人,俗家姓张,名叫行昌,少年时喜欢作行侠仗义之事。自从南宗和北宗分庭抗礼之后,两位宗主虽然没有彼此争锋的意思,两派的徒众却互相竞赛比拼。当时北宗的门人们,自己拥立神秀大师作禅宗第六代祖师,又忌讳慧能大师得到了五祖衣钵的事已经被天下人所知,就派行昌前来刺杀慧能大师。大师心有灵感,预知这件事,就准备了十两金子放在座位上。到了晚上,行昌潜入六祖的居室,要杀害大师。大师伸出脖子让他砍,行昌连砍了三刀,大师毫发无损。大师说:"正直的剑侠不会有邪恶的行为,邪恶的剑客就不正直。我只欠你黄金,不欠你性命。"行昌惊吓得仆倒在地,过了很久才苏醒过来,向大师哀求悔过,愿意剃发出家。大师把金子给他,说你先去吧,恐怕我的徒弟们知道了会加害于你,你过几天改装再来,我那时会收你为徒。行昌遵照嘱咐连夜逃遁,后来皈依佛门出家,受了具足戒,努力修行。有一天,他想起了大师的话,远道前来向大师顶礼参拜。大师说:"我想念你很久了,你怎么来的这么晚?"行昌回答:"以前承蒙和尚饶恕了我的罪过,现在我虽然出家苦苦修行,到底难以报答您的大恩大德,只有追随您弘扬佛法普度众生才能报答您吧?弟子经常阅览《涅槃经》,却不懂'常'和'无常'的意义,请和尚大发慈悲,大概给我解释一下。"大师说:"无常,就是佛性。有常,就是一切区别善和恶的心思。"行昌说:"和尚您说的,与经文上说的完全不一样。"大师说:"我传的是以心印心的佛法,怎么敢违背佛经呢?"行昌说:"经文上说佛性是有常,和尚却说是无常。分别善恶的心思乃至修行成就菩提的意识,都是无常,和尚却说是有常。这和经文上说的完全不一样,让我更加疑惑不解了。"大师说:"这《涅槃经》,我以前听无尽藏朗读了一遍,就给他解说其中微言大义,没有一字一义是不符合经文的。现在对你讲,也没有两样。"行昌说:"我的见识浅薄,希望和尚再具体地启发我。"大师说:"你知道吗? 佛性如果有常不变,还说什么善和恶的各种方便法门? 那就到无穷劫数,也没有一个人会萌发觉悟佛道的心了。所以我说佛性是无常有变化的,这才是佛所说的真正不变的常的真理。另一方面,一切物象如果是变化无常的,那么所有事物的本性也都会生死无常,那么永恒的有常本性就不会存在了。所以我说的有常,就是佛所说真正无常的真谛。佛正因为凡夫俗子外道之人们执著于错误的有常观念,那些二乘之人们把常说成无常,一共形成八种错误颠倒的见解,所以在《涅槃经》中破除偏见,明确阐明真正的有常,真正的快乐,真正的本性,真正的清净。你现在拘泥于表面言句而违背了内在意义,不能灵活地理解,却用死板的思想方法,错误地解释佛的圆融微妙的意义,就是把经文读上千遍,又有什么益处呢?"行昌听了以后恍然大悟,作偈语说:

"固守无常心,佛说有常性。

　　不知方便者,犹春池拾砾。

　　我今不施功,佛性而现前。

　　非师相授与,我亦无所得。"

大师听了说:"你现在彻底觉悟了,应该改名叫志彻。"志彻行礼拜谢后退出。

【原文】

有一童子,名神会[1],襄阳高氏子,年十三,自玉泉来参礼。师曰:"知识远来艰辛,远将得本来否?若有本则合识主,试说看。"会曰:"以无住为本,是即是主。"师曰:"这沙弥争合取次语。"会乃问曰:"和尚坐禅,还见不见?"师以拄杖打三下,云:"吾打汝是痛不痛?"对曰:"亦痛亦不痛。"师曰:"吾亦见亦不见。"神会问:"如何是亦见亦不见?"师云:"吾之所见,常见自心过愆,不见他人是非好恶,是以亦见亦不见。汝言亦痛亦不痛如何?汝若不痛,同其木石;若痛,则同凡夫,即起恚恨。汝向前,见不见是二边,痛不痛是生灭。汝自性且不见,敢尔弄人。"神会礼拜悔谢。师又曰:"汝若心迷不见,问善知识觅路;汝若心悟,即自见性,依法修行。汝自迷不见自心,却来问吾见与不见,吾见自知,岂代汝迷?汝若自见,亦不代吾迷。何不自知自见,乃问吾见与不见?"神会再礼百馀拜,求谢过愆,服勤给侍,不离左右。一日,师告众曰:"吾有一物,无头无尾,无名无字,无背无面,诸人还识否?"神会出曰:"是诸佛之本源,神会之佛性。"师曰:"向汝道无名无字,汝便唤作本源佛性。汝向去有把茆盖头,也只成个知解宗徒。"祖师灭后,会入京洛,大宏曹溪顿教,著《显宗记》,盛行于世,是为荷泽禅师。

师见诸宗难问,咸起恶心,多集座下,愍而谓曰:"学道之人,一切善念恶念,应当尽除,无名可名,名于自性。无二之性,是名实性。于实性上建立一切教门,言下便须自见。"诸人闻说,总皆作礼,请事为师。

[1]神会:俗姓高,原从神秀,四十岁左右时去韶州追随慧能。后以慧能嫡派自居,大力倡导南宗。安史之乱后病死于洛阳荷泽寺,称荷泽神会。

有一个少年,名叫神会,是襄阳高姓人家的子弟,十三岁的时候,从神秀大师的玉泉寺来到曹溪参见礼拜六祖大师。大师说:"善知识,你远道而来很辛苦,带来了'本'(自己的本性)没有?如果有'本'就能认识'主'(佛性)了,你说说看。"神会说:"我以无所住(不执著)为'本',能认识这一点就是'主'。"大师说:"这个小沙弥怎么尽说些老生常谈。"神会就问大师:"和尚您坐禅时,还有没有思想活动?"大师用禅杖打了神会三下,问:"我打你你觉得痛不痛?"神会回答说:"也痛也不痛。"大师说:"我也是既有思想活动也没有思想活动。"神会问:"既有思想活动也没有思想活动是一种什么样子?"大师说:"我的思想活动,是经常想到自己思想里的错误过失,而不想别人的是非好坏,这就是既有思想活动又没有思想活动。你所说的也痛也不痛是什么样子呢?你如果不痛,你就像木石一样没有感觉;你如果痛,就和凡夫俗子一样会产生愤恨的情感。你向前听好了,我说的既有思想活动又没有思想活动是'二边'(辩证之意),你说的也痛也不痛是没有破除生死的偏见。你连自己的本性都没有认识清楚,敢来这里卖弄!"神会赶紧行礼表示道歉。大师又说:"你如果自己迷惑不能认识本性,就要向善知识请教问门路;你如果心里领悟了,就能自己认识自己的本性,遵从佛法修行。现在你自己迷惑不能认识自己的本性,却来问我坐禅时有没有思想活动,我的思想活动我自己当然明白,怎么能代替你解除迷惑呢?你如果有所领悟,也不能代替我解除迷惑。你怎么不自己领悟认识本性,却来问我坐禅时的思想活动?"神会再次行礼,拜了一百多拜,谢罪道歉,然后在大师身边勤谨服侍,不离左右。有一天,大师告诉众门徒说:"我有一件东西,无头无尾,无名无字,无背无面,你们能明白吗?"神会走出来说:"这是各位佛的本源,神会我的佛性。"大师说:"我向你说无名无字,你却说叫做佛的本源。你就是前往茅草庵苦修苦练,也只能成为一个咬文嚼字的人。"祖师圆寂以后,神会去了京城洛阳,把曹溪门风的顿悟禅宗大加弘扬,著作了《显宗记》,盛行于当时,成为荷泽禅师。

慧能大师见禅宗门下各个宗派之间互相诘难,都不怀好意,就把他们都召集前来,怜悯地对他们说:"学佛道的人,一切的善念和恶念,都应当尽数消除,不要用各种名称概念来标榜,要认识自己的本性。没有分歧的本质,这才是真正的本质。应该在实在的本性上建立宗派教门,这个道理你们要自己好好理解。"众人听说以后,都向大师行礼,表示要以大师为表率。

◎护法品第九

【题解】

本章讲述慧能受到武则天、唐中宗的推崇褒奖，意在确立禅宗以慧能一系为正统的宗教法统。

【原文】

神龙元年上元日[1]，则天中宗诏云[2]："朕请安秀二师宫中供养[3]，万机之暇，每究一乘。二师推让云：'南方有能禅师，密授忍大师衣法，传佛心印，可请彼问。'今遣内侍薛简[4]，驰诏请迎，愿师慈念，速赴上京。"

师上表辞疾，愿终林麓。薛简曰："京城禅德皆云，欲得会道，必须坐禅习定，若不因禅定而得解脱者，未之有也。未审师所说法如何？"师曰："道由心悟，岂在坐也。经云：若言如来若坐若卧，是行邪道。何故？无所从来，亦无所去，无生无灭，是如来清净禅。诸法空寂，是如来清净坐。究竟无证，岂况坐耶？"简曰："弟子回京，主上必问，愿师慈悲，指示心要，传奏两宫，及京城学道者。譬如一灯然百千灯，冥者皆明，明明无尽。"师云："道无明暗，明暗是代谢之义。明明无尽，亦是有尽，相待立名。故《净名经》云：法无有比，无相待故。"简曰："明喻智慧，暗喻烦恼，修道之人，倘不以智慧照破烦恼，无始生死，凭何出离？"师曰："烦恼即是菩提，无二无别。若以智慧照破烦恼者，此是二乘见解，羊鹿等机，上智大根，悉不如是。"简曰："如何是大乘见解？"师曰："明与无明，凡夫见二，智者了达，其性无二。无二之性，即是实性。实性者，处凡愚而不灭，在贤圣而不增，住烦恼而不乱，居禅定而不寂。不断不常，不来不去，不在中间，及其内外，不生不灭，性相如如，常住不迁，名之曰道。"简曰："师说不生不灭，何异外道？"师曰："外道所说不生不灭者，将灭止生，以生显灭，灭犹不灭，生说不生。我说不生不灭者，本自无生，今亦不灭，所以不同外道。汝若欲知心要，但一切善恶都莫思量，自然得入清净心体，湛然常寂，妙用恒沙。"简蒙指教，豁然大悟，礼辞归阙，奏师语。

其年九月三日，有诏奖谕师曰："师辞老疾，为朕修道，国之福田。师若净名,托疾毗耶,阐扬大乘,传诸佛心,谈不二法。薛简传师指授如来知见,朕积善馀庆,宿种善根,值师出世,顿悟上乘。感荷师恩,顶戴无已。并奉磨衲袈裟及水晶钵[5],敕韶州刺史,修饰寺宇,赐师旧居为国恩寺焉。"

[1]神龙元年:神龙是武则天年号,唐中宗沿用,神龙元年即公元705年。　上元日:阴历正月十五。
[2]中宗:唐中宗李显,武则天之子,683年即帝位,684年被武则天废黜,705年复辟。
[3]朕:皇帝的自称。　安、秀二师:安指嵩山少林寺慧安,秀指玉泉寺神秀。
[4]内侍:皇宫内庭的侍卫,当指太监。
[5]磨衲袈裟:一种名贵的袈裟,据说是高丽国(朝鲜)所出产。

　　神龙元年正月十五日,武则天和唐中宗下诏书说:"朕已经迎请慧安大师和神秀大师到皇宫中供养,在日理万机的空闲时间,每天钻研学习一点佛法。两位大师推让说:'南方有一位慧能大师,受弘忍大师密传的衣钵佛法,得到以心传心的法门,可以向他请教。'现在派遣内侍薛简驰马捧诏旨去迎请您,希望大师能大发慈悲,赶快来京城。"

　　慧能大师向来使呈交了一封称病辞谢的表章,表示愿意在山林里终老。薛简说:"京城的禅师大德们都说,要想得到佛道的真谛,必须打坐学习禅定,不经过禅定的功夫而获得觉悟解脱的,还从来没有过。不知道大师您所讲说的佛法宗旨是什么?"大师说:"佛道是从内心得到觉悟,哪里是靠打坐呢。佛经上说,如果说如来佛是从坐、卧中得道,那是邪门外道。为什么这样说?因为无处可来,也无处可去,没有生也没有灭,这就是如来真正的清净禅意。一切法门本质上都是空寂,这就是如来真正的清净打坐禅修。其深奥的境界无法作有形的证明,岂是打坐所能包括的?"薛简说:"弟子回到京城,主上必然要问我,请大师大发慈悲,指示佛法的要旨,我好禀报两宫的圣上,并告知京城里修学佛道的人。这就像一盏灯又点亮了千百盏灯,让黑暗都变成了光明,光明普照无有穷尽。"大师说:"佛道无所谓光明和黑暗,明暗是代谢变化的意思。所谓光明普照无穷尽,其实也是有尽头的,因为光明和黑暗是相对而存在的两个名称。所以《净名经》上说:佛法是不能比喻的,因为佛法不是相对而存在的。"薛简说:"光明比喻智慧,黑暗比喻烦恼,修佛道的人,如果不用智慧照耀破除烦恼,那无始无终的生死轮回又怎么能解脱呢?"大师说:"烦恼就是菩提,它们并不是两个东西,二者并没有区别。如果想用智慧来照破烦恼,这是声闻、缘觉二乘初级的看法,是坐羊车鹿车的阶段,真正的大慧根大智慧,都不是这样看的。"薛简问:"大乘境界的见解是什么?"大师说:"明和无明,凡夫俗子们看作两个东西,智慧的人就明白它们没有区别。没有区别的本性就是真实的本性。真实的本性,在凡俗的地位不会减少,在圣贤的地位也不会增加,停留在烦恼中不会因此而迷乱,到了禅定的境界中也不会因此而空寂。它是不会中断也不会永恒的,不来也不去的,不在中间,也不在内部或外部,不生也不灭,它的性质和表相如一,总是存在而没有变化,它的名字叫道。"薛简问:"大师说不生也不灭,这和外道的说法有什么区别?"大师说:"外道所说的不生也不灭,是用灭来停止生,用生来显示灭,这样的灭等于不灭,这样的生等于不生。我所说的不生也不灭,是本来就没有生,现在也就无所谓灭,这和外道的说法是不同的。你如果要想获得佛法要领,只要对一切善和恶都不思考,自然就进入清净的心之本体了,那时你就清湛宁静,妙用像恒河里的沙粒一样无穷无尽。"薛简受了大师指教,豁然开朗,大彻大悟,行礼告别大师,返回皇宫,把大师说的话上奏。

那一年九月三日,朝廷有诏旨下发对大师给予表扬:"慧能大师因年老多病而辞谢进宫召请,他留在民间为朕修行佛道,这是在为国家种福田修功德。大师就像《净名经》里的维摩居士一样,托病在毗耶城,阐扬大乘教法,传授各位佛的教义,宣讲不二的法门。薛简带回了大师传授的如来智慧,朕多年行善积德,种下善根,才有这样的果报,幸遇大师出世,让朕顿悟了上乘的智慧。感谢大师的恩惠,感激无限。奉上磨衲袈裟和水晶钵盂,敕命韶州刺史重新装修佛寺,并赐大师旧居寺庙为国恩寺。"

◎付嘱品第十

【题解】

本章讲述慧能在去世前向弟子们讲说佛法大义,嘱咐他们要把禅宗发扬光大,以及慧能死后的安葬、受朝廷尊崇等故事。

【原文】

师一日唤门人法海、志诚、法达、神会、智常、智通、志彻、志道、法珍、法如等,曰:"汝等不同馀人,吾灭度后,各为一方师,吾今教汝说法,不失本宗。先须举三科法门,动用三十六对,出没即离两边,说一切法,莫离自性。忽有人问汝法,出语尽双,皆取对法,来去相因,究竟二法尽除,更无去处。

"三科法门者,阴、界、入也。阴是五阴,色受想行识是也。入是十二入,外六尘色声香味触法、内六门眼耳鼻舌身意是也。界是十八界,六尘六门六识是也。自性能含万法,名含藏识。若起思量,即是转识。生六识,出六门,见六尘,如是一十八界,皆从自性起用。自性若邪,起十八邪;自性若正,起十八正。若恶用即众生用,善用即佛用。用由何等?由自性有。

"对法外境,无情五对:天与地对,日与月对,明与暗对,阴与阳对,水与火对,此是五对也。法相语言十二对:语与法对,有与无对,有色与无色对,有相与无相对,有漏与无漏对,色与空对,动与静对,清与浊对,凡与圣对,僧与俗对,老与少对,大与小对,此是十二对也。自性起用十九对:长与短对,邪与正对,痴与慧对,愚与智对,乱与定对,慈与毒对,戒与非对,直与曲对,实与虚对,险与平对,烦恼与菩提对,常与无常对,悲与害对,喜与嗔对,舍与悭对,进与退对,生与灭对,法身与色身对,化身与报身对,此是十九对也。"

师言此三十六对法,若解用,即道贯一切经法,出入即离两边。

有一天,慧能大师叫来门徒法海、志诚、法达、神会、智常、智通、志彻、志道、法珍、法如等人，对他们说："你们和其他人不一样，等到我圆寂以后，你们要成为一方的禅宗领袖，我现在教授你们怎样宣讲佛法，以不失去本教的宗旨。讲佛法时，先要举出三科法门，运用三十六相对法，这样就能自如地讲说，说一切法门，都不要离开本性。假如突然有人向你提问，回答时要语义双关，都要用相对法，来和去互为因果，最终连来和去相对二法也要予以消泯，不执著任何一面。

"所谓三科法门，就是指的阴、界、入。阴是五阴，就是色、受、想、行、识。入指的是十二入，就是外六尘色、声、香、味、触、法，和内六门眼、耳、鼻、舌、身、意。界是十八界，就是六尘、六门和六识的合称。自己的本性中能包含万种佛法，名叫含藏识。如果心中产生了思量，就是转识。这时就会生六识，出六门，见六尘，像这样的十八界，都是从自己的本性中发生和运用的。自己的本性如果邪恶，就会产生十八种邪见；自己的本性如果正派，就会产生十八种正见。如果用恶念那就是众生的行为，如果用善念那就是佛的行为。这种运用从何而来？是从自己的本性中来的。

"外界的相对，有无情五对：天与地相对，日与月相对，明与暗相对，阴与阳相对，水与火相对，这就是五对。现象语言有十二对：语与法对，有与无对，有色与无色对，有相与无相对，有漏与无漏对，色与空对，动与静对，清与浊对，凡与圣对，僧与俗对，老与少对，大与小对，这是十二对。从自己的本性发生作用的有十九对：长与短对，邪与正对，痴与慧对，愚与智对，乱与定对，慈与毒对，戒与非对，直与曲对，实与虚对，险与平对，烦恼与菩提对，常与无常对，悲与害对，喜与嗔对，舍与悭对，进与退对，生与灭对，法身与色身对，化身与报身对，这就是十九对。"

大师说这三十六种相对的法则，如果会用，就能用其本质贯穿一切经法，就能自如运用，不生偏执。

"自性动用，共人言语，外于相离相，内于空离空。若全著相，即长邪见，若全执空，即长无明。执空之人有谤经，直言不用文字。既云不用文字，人亦不合语言，只此语言，便是文字之相。又云：直道不立文字。即此不立两字，亦是文字。见人所说，便即谤他言著文字。汝等须知自迷犹可，又谤佛经，不要谤经，罪障无数。若著相于外，而作法求真，或广立道场，说有无之过患，如是之人，累劫不可见性。但听依法修行，又莫百物不思，而于道性窒碍。若听说不修，令人反生邪念，但依法修行无住相法施。汝等若悟，依此说，依此用，依此行，依此作，即不失本宗。

"若有人问汝义，问有将无对，问无将有对，问凡以圣对，问圣以凡对,二道相因,生中道义。如一问一对,馀问一依此作,即不失理也。设有人问,何名为暗?答云:明是因,暗是缘,明没则暗,以明显暗,以暗显明,来去相因,成中道义。馀问悉皆如此。汝等于后传法,依此转相教授,勿失宗旨。"

(大师还说:)"用自己的本性和别人交谈时,要能对外则面对表相而又离开表相,对内则面对空无又离开空无。如果完全执著于表相,就会增长邪见;如果完全执著于空无,就会增长无明。完全执著于空无的人就会诽谤佛经,甚至说一切皆空,不需要用文字。既然不需要用文字,人也就不应该使用语言了,因为这语言,就是文字的表相。这种人又说,直道不立文字。但这"不立"两个字,本身也是文字。看见别人有所论说,就诽谤他是执著于文字。你们要知道这是自己迷惑且不说,还要诽谤佛经,不要诽谤佛经,那样犯的罪孽是不可计量的。如果执著于外在的表相,并以此来追求佛法的真谛,或者到处建立法坛道场,大谈有和无的对错与否,像这样的人,就是经历多少劫数也不会认知自己的佛性。要依照佛法修行,但又不要对佛经及各种事物都不思考,而导致佛性的窒息妨碍。如果仅仅听一些说教而不实践修行,那就让人反而产生邪念,因此要依佛法修行,又不要滞留在事物的表相。你们如果觉悟这一点,照这样来讲说佛法,照这样来修行,照这样来实践,就不会偏离本宗的宗旨。

"如果有人向你们请教佛法教义,他问有你就回答无,他问无你就回答有,他问凡你就回答圣,他问圣你就回答凡,要从相对的两个方面互为因果,就能从中产生出正确的见解。如果采用一问一答,其馀的问题照此类推,就不会违背真理。假设有人问,什么叫暗?就回答说,明是原因,暗是机缘。明没有了就出现了暗,是以明衬托出了暗,以暗衬托出了明,这样你来我去互为因果,自然就使佛教的正确见解呈现出来。其馀的问答都依此类推。你们日后传授佛法,照此代代相授,不要偏离本宗之宗旨。"

师于太极元年壬子[1],延和七月[2],命门人,往新州国恩寺建塔,仍令促工。次年夏末落成。七月一日,集徒众曰:"吾至八月,欲离世间,汝等有疑,早须相问,为汝破疑,令汝迷尽。吾若去后,无人教汝。"法海等闻,悉皆涕泣。惟有神会,神情不动,亦无涕泣。师云:"神会小师[3],却得善不善等,毁誉不动,哀乐不生,馀者不得。数年山中,竟修何道,汝今悲泣,为忧阿谁?若忧吾不知去处,吾自知去处。若吾不知去处,终不预报于汝。汝等悲泣,盖为不知吾去处,若知吾去处,即不合悲泣。法性本无生灭去来。汝等尽坐,吾与汝说一偈,名曰《真假动静偈》,汝等诵取此偈,与吾意同,依此修行,不失宗旨。"

众僧作礼,请师作偈,偈曰:

"一切无有真,不以见于真。
若见于真者,是见尽非真。
若能自有真,离假即心真。
自心不离假,无真何处真。
有情即解动,无情即不动。
若修不动行,同无情不动。
若觅真不动,动上有不动。
不动是不动,无情无佛种。
能善分别相,第一义不动。
但作如此见,即是真如用。
报诸学道人,努力须用意。
莫于大乘门,却执生死智。
若言下相应,即共论佛义。
若实不相应,合掌令欢喜。
此宗本无诤,诤即失道意。
执逆诤法门,自性入生死。"

时徒众闻说偈已,普皆作礼,并体师意,各各摄心,依法修行,更不敢诤。乃知大师不久住世,法海上座再拜问曰:"和尚入灭之后,衣法当付何人?"师曰:"吾于大梵寺说法,以至于今,钞录流行,目曰《法宝坛经》。汝等守护,递相传授,度诸群生。但依此说,是名正法。今为汝等说法,不付其衣。盖为汝等信根淳熟,决定无疑,堪任大事。然据先祖达摩大师,付授偈意,衣不合传。偈曰:

吾本来兹土，传法救迷情。
一华开五叶，结果自然成。"

师复曰："诸善知识，汝等各各净心，听吾说法：若欲成就种智，须达一相三昧，一行三昧。若于一切处而不住相，于彼相中不生憎爱，亦无取舍，不念利益成坏等事，安闲恬静，虚融澹泊，此名一相三昧。若于一切处，行住坐卧，纯一直心，不动道场，真成净土，此名一行三昧。若人具二三昧，如地有种，含藏长养，成熟其实。一相一行，亦复如是。我今说法，犹如时雨，普润大地，汝等佛性，譬诸种子，遇兹沾洽，悉皆发生。承吾旨者，决获菩提，依吾行者，定证妙果。听吾偈曰：

心地含诸种，普雨悉皆萌。
顿悟华情已，菩提果自成。"

师说偈已，曰："其法无二，其心亦然，其道清净，亦无诸相。汝等慎勿观静，及空其心，此心本净，无可取舍。各自努力，随缘好去。"尔时徒众，作礼而退。

[1]太极元年壬子：太极是唐睿宗的年号，太极元年是公元712年，那一年的农历纪年是壬子。

[2]延和七月：延和也是唐睿宗的年号，712年五月以前为太极，五月以后改号延和，说到七月故名延和七月。

[3]小师：受了具足戒还没有满十年的僧人称小师。也是师傅对弟子的称呼。

大师在太极元年，岁在壬子，延和七月，让门徒们去新州的国恩寺建塔，并督促尽早完工。第二年夏末塔落成。这年七月一日，大师召集门徒们说："我到了八月，就要离开人世，你们要有什么疑难问题，趁早来问，我还能为你们解疑答难，让你们的迷惑得以消除。我走了以后，再没有人教导你们了。"法海等门徒听了后，都哭泣起来。只有神会，不动声色，也没有哭泣。大师说："神会小师，只有你达到了无善无不善，毁誉不惊，哀乐俱不动心，其他人都没有达到。你们在山里修行了好几年，到底修得什么佛道呢？你们现在悲哀哭泣，是为谁感到忧伤呢？如果担忧我不知何往，我自己是知道我要到什么地方去的。如果我不知道我去哪儿，也就不会预

先告诉你们了。你们悲哀哭泣,是因为不知道我将去哪儿,如果知道我的去处,就不应该悲哀哭泣。佛法的本质本来就是讲究既没有生也没有死既没有去也没有来。你们都坐下,我给你们念一篇偈语,名叫《真假动静偈》。你们记诵这篇偈语,就会和我心心相印,照它修行,就不会失去本门的宗旨。"

众位僧人都向大师行礼,请求大师作偈语。这篇偈语说:

"一切无有真,不以见于真。
若见于真者,是见尽非真。
若能自有真,离假即心真。
自心不离假,无真何处真?
有情即解动,无情即不动。
若修不动行,同无情不动。
若觅真不动,动上有不动。
不动是不动,无情无佛种。
能善分别相,第一义不动。
但作如此见,即是真如用。
报诸学道人,努力须用意。
莫于大乘门,却执生死智。
若言下相应,即共论佛义。
若实不相应,合掌令欢喜。
此宗本无诤,诤即失道意。
执逆诤法门,自性入生死。"

当时众门徒听了偈语后,大家都礼赞不已,体会了师父说的微言大义。各自都收摄浮躁心情,依照佛法修行,再不敢有所争执了。大家知道大师不会久留世间了,首座法海又向大师叩问:"和尚圆寂以后,衣钵教法将交付给什么人?"大师说:"我从在大梵寺讲说佛法开始,一直到今天,讲说的内容被世上抄录流行,名叫《法宝坛经》。你们要谨遵这部经典,代代相传,超度众生。只要依据这部佛经修行,就是正确的佛法。我现在为你们讲说佛法,不再传授袈裟了。因为你们信仰的根基已经很牢固,不再有任何动摇,可以担当弘法大任。根据先祖达摩大师传授偈颂的意思,袈裟也不应该再传下去了。那首偈语说:

吾本来兹土,传法救迷情。

一华开五叶,结果自然成。"

大师又说:"各位善知识,你们要各自清净自己的心,听我讲说佛法:要想成就佛法,必须通达一相三昧,一行三昧。如果能够在任何处境都不执著于表面现象,不对那种表面现象产生憎爱之情,也没有取此舍彼的倾向,不考虑利益得失等事情,总是安闲宁静,超然淡泊,这就叫一相三昧。如果能在一切情况下,无论行、住、坐、卧,都能保持一种纯洁正直的心境,那么你的心就是一个永恒的道场,真正的净土世界,这就叫一行三昧。如果一个人具有这两种三昧,就像土地中播下了种子,在地底发育,破土而出继续生长,最后成熟结果。一相三昧和一行三昧的道理,也是如此。我现在讲说佛法,好像及时春雨,普遍润泽大地,你们的佛性,就像种子,遇到了雨露滋养,都发芽生长。凡是继承我的宗旨的,必然会获得智慧,依照我的教导修行的,肯定成就妙谛正果。听我再念一首偈语:

心地含诸种,普雨悉皆萌。
顿悟华情已,菩提果自成。"

大师念完了偈语,又说:"佛法没有两法,心也一样,它的本质是清净的,也没有各种表相。你们要谨慎,不要有意沉溺于静止和空无的境界,要知道这颗心本来就是清净的,没有什么可取和可舍的。你们各自努力上进吧,各随缘法好自为之吧。"当时众门徒听了以后,向大师行礼退下。

原文

大师七月八日,忽谓门人曰:"吾欲归新州,汝等速理舟楫。"大众哀留甚坚。师曰:"诸佛出现,犹示涅槃,有来必去,理亦常然。吾此形骸,归必有所。"众曰:"师从此去,早晚可回?"师曰:"叶落归根,来时无口。"又问曰:"正法眼藏,传付何人?"师曰:"有道者得,无心者通。"又问:"后莫有难否?"师曰:"吾灭后五六年,当有一人来取吾首,听吾记曰:头上养亲,口里须餐;遇满之难,杨柳为官。"

又云:"吾去七十年,有二菩萨,从东方来,一出家,一在家,同时兴化,建立吾宗,缔缉伽蓝[1],昌隆法嗣。"

问曰:"未知从上佛祖应现已来,传授几代,愿垂开示。"师云:"古佛应世,已无数量,不可计也。今以七佛为始,过去庄严劫[2],毗婆尸佛、尸弃佛、毗舍浮佛,今贤劫拘留孙佛[3]、拘那含牟尼佛、迦叶佛、释迦文佛,是为七佛。释迦文佛首传摩诃迦叶尊者，第二，阿难尊者，第三，商那和修尊者，第四，优婆毱多尊者，第五，提多迦尊者，第六，弥遮迦尊者，第七，婆须蜜多尊者，第八，佛驮难提尊者，第九，伏驮蜜多尊者，第十，胁尊者，十一，富那夜奢尊者，十二，马鸣大士，十三，迦毗摩罗尊者，十四，龙树大士，十五，迦那提婆尊者，十六，罗睺罗多尊者，十七，僧伽难提尊者，十八，伽耶舍多尊者，十九，鸠摩罗多尊者，二十，阇耶多尊者，二十一，婆修盘头尊者，二十二，摩拏罗尊者，二十三，鹤勒那尊者，二十四，师子尊者，二十五，婆舍斯多尊者，二十六，不如蜜多尊者，二十七，般若多罗尊者，二十八，菩提达摩尊者，二十九，慧可大师，三十，僧璨大师，三十一，道信大师，三十二，弘忍大师，慧能是为三十三祖。从上诸祖，各有禀承，汝等向后，递代流传，毋令乖误。

[1]伽(qié)蓝：梵语僧伽蓝摩之省，意为佛寺。

[2]庄严劫：三世之三大劫中，过去之大劫，名庄严劫。大劫中有成、住、坏、空之八十增小劫，在住劫之二十小劫中有千佛出世，华光佛为首。千佛出世庄严其劫，故名庄严劫。

[3]贤劫：现在之住劫，名为贤劫。现在之住劫二十增减中，有千佛出世，故名贤劫。

七月八日，大师忽然对门徒们说："我要回新州，你们赶快给我准备船只。"弟子们都苦苦哀求挽留。大师说："各代的佛出世，也都要显示涅槃，有来就有去，这是常理。我的这一具形骸，也要回到应该去的所在。"众门徒问："老师从此一去，什么时候回来？"大师说："叶落归根，来时无口（一说'口'字为'日'字之误，这是说我不回来了；一说此句意为来时没有说法，去时也没有说法，意为无所谓生和死）。"徒众们又问："大师的佛法，将传给谁？"大师回答："修得佛道的人会得到，修到不动心境界的人会通晓。"众人又问："大师圆寂后还会有劫难吗？"大师回答："我圆寂五六年以后，会有一个人来偷取我的头。听我说预言：头上养亲，口里须餐；遇满之难，杨柳为官。"

大师又说："我圆寂后七十年，会有两个菩萨，从东方来，一个出家，一个在家，同时兴起，光大我的宗门，大修庙宇伽蓝，使佛法昌盛兴隆。"

众门徒又问："不知从最早的佛祖应世出现以来，到现在已经传授了几代？请您指示。"大师回答："从远古以来，佛代代应世出现，已经多得不可胜数了。现在从七佛算起，在过去的庄严劫时，有毗婆尸佛、尸弃佛、毗舍浮佛，在现在的贤劫时有拘留孙佛、拘那含牟尼佛、迦叶佛、释迦文佛，这就是七佛。释迦文佛首传摩诃迦叶尊者，第二代是阿难尊者，第三代是商那和修尊者，第四代是优婆毱多尊者，第五代是提多迦尊者，第六代是弥遮迦尊者，第七代是婆须蜜多尊者，第八代是佛驮难提尊者，第九代是伏驮蜜多尊者，第十代是胁尊者，第十一代是富那夜奢尊者，第十二代是马鸣大士，第十三代是迦毗摩罗尊者，第十四代是龙树大士，第十五代是迦那提婆尊者，第十六代是罗睺罗多尊者，第十七代是僧迦难提尊者，第十八代是迦耶舍多尊者，第十九代是鸠摩罗多尊者，第二十代是阇耶多尊者，第二十一代是婆修盘头尊者，第二十二代是摩拏罗尊者，第二十三代是鹤勒那尊者，第二十四代是师子尊者，第二十五代是婆舍斯多尊者，第二十六代是不如蜜多尊者，第二十七代是般若多罗尊者，第二十八代是菩提达摩尊者，第二十九代是慧可大师，第三十代是僧璨大师，第三十一代是道信大师，第三十二代是弘忍大师，慧能是第三十三祖。以上各代祖师，各有师徒相承关系。你们往后也要代代相传，不要出差错和中断。"

原文

大师先天二年癸丑岁[1]，八月初三日，于国恩寺斋罢，谓诸徒众曰："汝等各依位坐，吾与汝别。"法海白言："和尚留何教法，令后代迷人得见佛性？"师言："汝等谛听，后代迷人，若识众生，即是佛性。若不识众生，万劫觅佛难逢。吾今教汝识自心众生，见自心佛性。欲求见佛，但识众生。只为众生迷佛，非是佛迷众生。自性若悟，众生是佛；自性若迷，佛是众生。自性平等，众生是佛；自性邪险，佛是众生。汝等心若险曲，即佛在众生中；一念平直，即是众生成佛。我心自有佛，自佛是真佛，自若无佛心，何处求真佛？汝等自心是佛，更莫狐疑。外无一物而能建立，皆是本心生万种法。故经云：心生种种法生，心灭种种法灭。吾今留一偈，与汝等别，名《自性真佛偈》，后代之人识此偈意，自见本心，自成佛道。偈曰：

真如自性是真佛，邪见三毒是魔王。
邪迷之时魔在舍，正见之时佛在堂。
性中邪见三毒生，即是魔王来住舍。
正见自除三毒心，魔变成佛真无假。
法身报身及化身，三身本来是一身。

若向性中能自见,即是成佛菩提因。
本从化身生净性,净性常在化身中。
性使化身行正道,当来圆满真无穷。
淫性本是净性因,除淫即是净性身。
性中各自离五欲,见性刹那即是真。
今生若遇顿教门,忽遇自性见世尊。
若欲修行觅作佛,不知何处拟求真。
若能心中自见真,有真即是成佛因。
不见自性外觅佛,起心总是大痴人。
顿教法门已今留,救度世人须自修。
报汝当来学道者,不作此见大悠悠。"

师说偈已,告曰:"汝等好住。吾灭度后,莫作世情悲泣雨泪。受人吊问,身著孝服,非吾弟子,亦非正法。但识自本心,见自本性,无动无静,无生无灭,无去无来,无是无非,无住无往。恐汝等心迷,不会吾意,今再嘱汝,令汝见性。吾灭度后,依此修行,如吾在日。若违吾教,纵吾在世,亦无有益。复说偈曰:

兀兀不修善,腾腾不造恶。
寂寂断见闻,荡荡心无著。"

师说偈已,端坐至三更,忽谓门人曰:"吾行矣!"奄然迁化。于时异香满室,白虹属地,林木变白,禽兽哀鸣。

十一月,广韶新三郡官僚,洎门人僧俗,争迎真身,莫决所之,乃焚香祷曰:"香烟指处,师所归焉。"时香烟直贯曹溪。十一月十三日,迁神龛并所传衣钵而回。次年七月二十五日出龛,弟子方辩以香泥上之。门人忆念取首之记,遂先以铁叶漆布,固护师颈入塔。忽于塔内白光出现,直上冲天,三日始散。

韶州奏闻,奉敕立碑,纪师道行,师春秋七十有六,年二十四传衣,三十九祝发[2],说法利生,三十七载。得旨嗣法者,四十三人。悟道超凡者,莫知其数。达摩所传信衣,中宗赐磨衲宝钵,及方辩塑师真相,并道具等,主塔侍者尸之,永镇宝林道场。流传《坛经》,以显宗旨。此皆兴隆三宝,普利群生者。

[1]先天二年:先天是唐玄宗年号,先天二年是公元713年(同年先天改开元,故也是开元元年),农历是癸丑年。

[2]祝发:剃发出家。

先天二年,岁在癸丑,八月初三日,大师在国恩寺吃完斋饭后,对各位徒弟说:"你们各自依次序坐好,我要与你们永别了。"法海说:"和尚留下什么教法,让后代迷惑的人可以明白佛性呢?"大师回答说:"你们仔细听着:后代的迷惑不悟之人,如果能够认识众生是什么,就能明白佛性。如果不能认识众生是什么,那么就是经历千万劫数,也难以寻觅到佛性。我现在就教你们认识自己心中的众生,明白自己心中的佛性。要想求得佛性,只有认识众生。因为是众生难以认识佛,不是佛不认识众生。自己的本性如果觉悟了,众生就是佛;自己的本性如果迷惑,佛也是众生。自己的本性如果是公正平等的,众生就是佛;自己的本性如果是邪恶险诈的,佛也是众生。你们如果心存险诈曲折,即使已经成佛也会立刻变成众生;如果有一个念头公平正直,在产生这个念头时你就从众生变成了佛。我的心中本来有佛性,自己心中的佛才是真正的佛,自己如果没有佛心,又到哪里去求真正的佛呢?你们自己的心就是佛,对此再不要有丝毫怀疑。外界没有一件事物是真正能建立的,都是自己的本心产生千万种法相。所以经文上说:'心生种种法生,心灭种种法灭。'我现在留下一篇偈语,向你们告别,叫做《自性真佛偈》,后代的人能懂得这篇偈语的意思,自然就认知自己的本心而自己成就佛道了。偈语是:

  真如自性是真佛,邪见三毒是魔王。
  邪迷之时魔在舍,正见之时佛在堂。
  性中邪见三毒生,即是魔王来住舍。
  正见自除三毒心,魔变成佛真无假。
  法身报身及化身,三身本来是一身。
  若向性中能自见,即是成佛菩提因。
  本从化身生净性,净性常在化身中。
  性使化身行正道,当来圆满真无穷。

淫性本是净性因，除淫即是净性身。
性中各自离五欲，见性刹那即是真。
今生若遇顿教门，忽遇自性见世尊。
若欲修行觅作佛，不知何处拟求真。
若能心中自见真，有真即是成佛因。
不见自性外觅佛，起心总是大痴人。
顿教法门已今留，救度世人须自修。
报汝当来学道者，不作此见大悠悠。"

大师念完偈语，告诉大家说："你们好好珍重吧。我圆寂以后，不要像世俗常情那样悲哀哭泣泪如雨下。如果接受别人的吊唁，身上披麻戴孝，那就不是我的徒弟，也不符合真正的佛法。只要认知自己的本心，发现自己的本性，那就达到了既无动也无静，既无生也无灭，既无去也无来，既无是也无非，既无住也无往。恐怕你们心中迷惑，不懂我的意思，现在再次嘱咐你们，让你们认知自己的本性。我圆寂以后，照此修行，就像我在的时候一样。如果你们违背我的教诲，即使我还在世，那也没有益处。最后再说一首偈语：

兀兀不修善，腾腾不造恶。
寂寂断见闻，荡荡心无著。"

大师说完偈语，端坐到三更天，忽然对门人说："我走了！"然后奄然逝去。当时屋内忽然满生香气，有一道白虹从天上贯到地下，照得树林里一片洁白，满山的飞鸟和走兽都哀叫着为大师送行。

十一月份，广州、韶州、新州三郡的官员僚属，以及门徒和僧俗两界的许多人，争着要把大师的真身迎回本地，争执不下，于是大家焚香祈祷说："香烟飘动指向的地方，就是大师愿意归去的所在。"当时香烟直接指向曹溪方向。十一月十三日，把装有大师遗体的神龛和大师留下的衣钵等物迁回曹溪。第二年七月二十五日，把大师从神龛中请出，弟子方辩用香泥涂抹。门徒们想起大师曾有将被偷掉头颅的预言，就先用铁做的叶片和油漆了的布，把大师的头颅包裹好，再送入佛塔。当时塔内忽然有白光出现，从塔内直接冲到天上，过了三天才消失。

韶州的地方官向朝廷上表奏闻，接到圣旨为大师立碑，纪念大师的生平道行。大师在世七十六年，二十四岁时得到弘忍大师传授衣钵，三十九岁时正式落发出家，宣讲佛法普度众生一共三十七年。得到大师真传并继承下来的弟子，一共四十三人。受大师影响而领悟佛道解脱生死的人，不计其数。达摩大师所留传下来的袈裟,唐中宗所赏赐的磨衲袈裟和水晶钵盂,以及方辩大师塑造的大师真像,还有大师用过的法物等,都在塔内由管理塔的侍者负责保管,作为宝林寺道场的镇塔之宝。流传下来的《坛经》,显示顿教的根本宗旨。这都是让佛、法、僧三宝永远兴隆,使众生永远获得利益的伟大贡献。

【原文】

师入塔后,至开元十年[1],壬戌八月三日,夜半,忽闻塔中如拽铁索声,众僧惊起。见一孝子从塔中走出,寻见师颈有伤,具以贼事闻于州县。县令杨侃,刺史柳无忝,得牒切加擒捉。五日,于石角村捕得贼人,送韶州鞫问。云:姓张,名净满,汝州梁县人,于洪州开元寺,受新罗僧金大悲钱二十千,令取六祖大师首,归海东供养。柳守闻状,未即加刑,乃躬至曹溪,问师上足令韬曰:"如何处断?"韬曰:"若以国法论,理须诛夷,但以佛教慈悲,冤亲平等,况彼求欲供养,罪可恕矣。"柳守加叹曰:"始知佛门广大。"遂赦之。

上元元年[2],肃宗遣使就请师衣钵归内供养。至永泰元年五月五日[3],代宗梦六祖大师请衣钵。七日,敕刺史杨缄云:"朕梦感能禅师请传衣袈裟,却归曹溪,今遣镇国大将军刘崇景顶戴而送。朕谓之国宝,卿可于本寺如法安置,专令僧众亲承宗旨者,严加守护,勿令遗坠。"后或为人偷窃,皆不远而获,如是者数四。宪宗谥大鉴禅师,塔曰元和灵照。其馀事迹,系载唐尚书王维、刺史柳宗元、刺史刘禹锡等碑,守塔沙门令韬录。

【注释】

[1]开元十年:开元是唐玄宗的年号,开元十年是公元722年。
[2]上元元年:上元是唐肃宗的年号,上元元年是公元760年。
[3]永泰元年:永泰是唐代宗的年号,永泰元年是公元765年。

【译文】

大师葬入塔后,到开元十年,岁在壬戌,八月三日夜半,忽然听到塔中有像拉拽铁链子的声音,寺院内的僧人们都大吃一惊,赶紧起来搜寻。看见一个穿孝衣的人从塔里走出来,然后见大师的真身脖颈上有伤痕,于是向州县衙门报告贼情。县令杨侃,州刺史柳无忝,下公文紧急捉拿罪犯。到了八月五日,在石角村抓到了贼人,押送到韶州衙门审问。审判结果说:罪犯姓张,名净满,是汝州梁县人,在洪州开元寺接受新罗僧人金大悲的二十千钱,让把六祖的头颅偷取出来,带回海东新罗国供养。柳太守听了招供,没有立即判罪行刑,亲自去曹溪,问大师的高足弟子令韬说:"该怎样判处断案呢?"令韬说:"如果按照国家法律,理所当然应该判杀头罪,但从佛教讲慈悲的宗旨说,冤家和亲人本质上也没有区别,何况盗贼的本意是想供养大师的头颅,这样说他的罪过就可以宽恕了。"柳太守感叹说:"这才知道佛门真是胸怀广大啊!"于是赦免了罪犯。

上元元年,唐肃宗派遣使者迎请大师的衣钵到宫廷内供养。到了永泰元年五月五日,唐代宗梦见六祖大师请求归还衣钵。七日,下圣旨给刺史杨缄说:"朕梦见慧能禅师请求将传法袈裟归还曹溪,现在派遣镇国大将军刘崇景庄严送回。这是朕的国宝,你可以在原寺院内妥当安置,并专门指派得大师宗旨真传的僧人们严加看守护卫,不要让它遗失。"后来又被人偷窃,都是贼人还没有逃走多远就被抓回了,像这样的情况一共有四次。唐宪宗封给慧能大鉴禅师的谥号,灵塔敕封为"元和灵照"。大师的其他事迹,都记载在唐朝尚书王维、刺史柳宗元、刺史刘禹锡等撰写的几块碑文内,守护灵塔的僧人令韬记录。

◎ 附 录

《坛经》重要版本

敦煌手写本《南宗顿教最上大乘摩诃般若波罗蜜经六祖慧能大师于韶州大梵寺施法坛经》，现有中华书局郭朋校释本。

元世祖至元末年僧人宗宝改编本《六祖大师法宝坛经》，现有近人丁福保校正的宗宝本。唐朝僧人惠昕改编过本《六祖坛经》，有宋刻本存世。

五代末宋初僧人契嵩的改编本《六祖大师法宝坛经曹溪原本》，有明刻本存世。

高丽本《坛经》，详情未知。

《坛经》研究著作举例

丁福保：《〈六祖大师法宝坛经〉笺注》
胡适：《〈坛经〉考之一》（《跋〈曹溪大师别传〉》）
胡适：《〈坛经〉考之二》（《记北宋本的〈六祖坛经〉》）
石井修道：《伊藤隆寿氏发现之真福寺文库所藏之〈六祖坛经〉之绍介》
郭朋：《〈坛经〉对勘》，齐鲁书社1981年6月出版
郭朋：《〈坛经〉校释》，中华书局1983年9月出版
郭朋：《〈坛经〉导读》，巴蜀书社1987年5月出版

《坛经》名言警句

△菩提本无树，明镜亦非台。本来无一物，何处惹尘埃？（第065页）
△佛法在世间，不离世间觉。离世觅菩提，恰如求兔角。（第080页）
△性在身心存，性去身心坏。佛向性中作，莫向身外求。自性迷即是

众生,自性觉即是佛,慈悲即是观音,喜舍名为势至,能净即释迦,平直即弥陀。(第085页)

△慧能没伎俩,不断百思想。对境心数起,菩提作么长?(第119页)

图书在版编目（CIP）数据

金刚经·坛经／梁归智译注．—2 版．—太原：三晋出版社，
2008.4

（中国家庭基本藏书·笔记杂著卷）

ISBN 978-7-80598-951-8

Ⅰ.金… Ⅱ.梁… Ⅲ.①佛经②禅宗—佛经—中国—唐代
③金刚经—译文④金刚经—注释⑤坛经—译文⑥坛经—注释
Ⅳ. B 942.1 B 946.5

中国版本图书馆 CIP 数据核字（2008）第 054776 号

金刚经·坛经

译 注 者：梁归智

责任编辑：李永明	审 订 者：张建英
封面设计：敬人工作室	版式设计：敬人工作室
责任校对：李永明	责任印制：李佳音

出版发行：山西出版集团·三晋出版社（原山西古籍出版社）
地　　址：太原市建设南路 21 号
电　　话：（0351）4956036（咨询）　　4922268（邮购）
传　　真：（0351）4922102
网　　址：http：//sjs.sxpmg.com
邮　　编：030012
E - mail：sj@sxpmg.com

印刷装订：山西出版集团·山西新华印业有限公司
（本书如有破损、缺页、装订错误，请与承印厂联系调换　0351-4120948）

开　　本：787mm×960mm　　1/16
字　　数：180 千字
印　　张：10
版　　次：2008 年 4 月第 2 版
印　　次：2011 年 6 月第 2 次印刷
印　　数：5001-10000 册
书　　号：ISBN 978-7-80598-951-8
定　　价：15.00 元

版权所有，翻印必究。本书图文未经书面授权，不得以任何方式转载或公开发表。